D1995464

EYNAR LEUPOLD

TEXTARBEIT IM FRANZÖSISCHUNTERRICHT

AUFGABEN ENTWICKELN – MOTIVATION FÖRDERN

Klett | Kallmeyer

Bibliografische Information der Deutschen Bibliothek
Die Deutsche Bibliothek verzeichnet diese Publikation in der
Deutschen Nationalbibliografie; detaillierte bibliografische Daten
sind im Internet über http://dnb.ddb.de abrufbar.

Impressum

Eynar Leupold:
Textarbeit im Französischunterricht
Aufgaben entwickeln – Motivation fördern
(Handlungswissen Unterricht)

1. Auflage 2007

Erhard Friedrich Verlag GmbH
D-30926 Seelze-Velber

Realisation: Friedrich Medien-Gestaltung
Druck: Wittmann & Wäsch GmbH, Hannover.
Printed in Germany

ISBN 13: 978-3-7800-4946-9

Tous, nous nous lisons nous-mêmes
et lisons le monde qui nous entoure
afin d'apercevoir ce que nous sommes
et où nous nous trouvons.
Nous lisons pour comprendre
ou pour commencer à comprendre.

Alberto Manguel

Inhaltsverzeichnis

Übersicht zu den Textbeispielen:

Vorwort

Die bildungspolitische Diskussion der Gegenwart zu Schule und Unterricht wird oft auf einige Begriffe reduziert wie etwa „Standardisierung“, „Qualitätssicherung“, „Tests“, „Kompetenzorientierung“ oder „Output-Orientierung“. Mit der Bezugnahme auf diese einzelnen Begriffe wird mehr oder weniger bewusst der Eindruck erweckt, es sei möglich, einzelne Aspekte des Unterrichts neu zu definieren, um dann zu einer qualitativen Verbesserung des Lehrens und Lernens zu kommen.

Lehrerinnen und Lehrer, die schon länger die Unterrichtspraxis mit gestalten, wissen aus ihrer Erfahrung, dass ein solches Unterfangen in der Vergangenheit meistens aus mehreren Gründen scheiterte.

Unterricht ist ein komplexes System mit zahlreichen Abhängigkeiten der einzelnen Faktoren voneinander, sodass es eben nicht ausreicht, nur an einzelnen Stellen neu zu denken in der Erwartung, dass angedachte, vermeintlich positive Veränderungen den Lehr- und Lernprozess insgesamt in jedem Fall qualitativ beeinflussen. Aber solche Fehleinschätzungen hat es immer gegeben, und es wird sie wohl auch weiter geben.

Die Verabschiedung und Implementation von Bildungsstandards in Deutschland wird von Bildungspolitikern und einigen Bildungsforschern als wichtiger Schritt zur Qualitätsentwicklung im Bildungswesen gesehen. Bildungsziele weisen „ein bestimmtes Verständnis der Bedeutung, die ein Fach oder Lernbereich für die persönliche Entwicklung hat und worin seine gesellschaftliche Funktion besteht“ (Klieme Studie 2003, S. 20), aus. Sie werden als „handlungsleitend für die Entwicklung des Schulsystems“ (ebd.) angesehen und bilden die Grundlage für die Setzung der Abschlussniveaus in den Bildungsstandards Französisch 1. Fremdsprache Hauptschulabschluss (2004) und Mittlerer Schulabschluss (2003).

Diese bildungstheoretischen Ansätze – so modern sie in ihrem Duktus erscheinen mögen – nehmen Einsichten auf, die bekannt sind und die durchaus auf eine fremdsprachendidaktische Tradition bezogen werden können.

Stellvertretend sei der Schulmann und Bildungspolitiker Ernst von Sallwürk genannt, der vor knapp 80 Jahren mit Bezug auf den Sprachunterricht schrieb: „Eigentlich aber werden Sprachen im allgemein bildenden Unterricht gelehrt der Inhalte wegen, welche in den Schriftwerken niedergelegt sind, und wegen ihrer künstlerischen Form.“ (v. Sallwürk 1929, S. 68) Von Sallwürk legt den Akzent auf die Bildungsdimension des Sprachunterrichts. Nicht die utilitaristische Ausbildung von Kompetenzen steht im Vordergrund, sondern der Sprachunterricht wird als Möglichkeit verstanden, auf dem Wege der Begegnung mit Sprachzeugnissen die Chance zu einer kulturellen Begegnung mit Inhalten und „künstlerischen“ Formen der Kultur des Zielsprachenlandes zu eröffnen.

Aus der Zeit heraus ist es verständlich, dass von Sallwürk ausschließlich an geschriebene Texte dachte. Heute verfügen wir über ein breiteres Spektrum von schriftlichen Dokumenten, von elektronischen Texten sowie Hörtexten und ihren Mischformen. Zusammen mit den dazu entwickelten Aufgaben sind sie in ihrer Vielfalt eine wichtige Instanz, im Französischunterricht Motivation, Lernintensität sowie Nähe zum Zielsprachenland und seiner Kultur zu fördern und damit einen Beitrag zu einem modernen Bildungskonzept zu leisten, wie es etwa im Bildungsbericht 2006 skizziert wird. Bildung ist Grundlage einer „Individuellen Regulationsfähigkeit", ist zugleich „Humanressource" und Garantie für „gesellschaftliche Teilhabe und Chancengleichheit" (Konsortium Bildungsberichterstattung 2006, S. 2).

Die nachfolgenden Ausführungen verorten die Arbeit an und mit Texten im Französischunterricht im gegenwärtigen pädagogischen und didaktischen Kontext, in dem sich eine sprachliche Kompetenzorientierung mit der Bildung der Persönlichkeit des Lerners verbindet.

Im Anschluss an grundlegende Überlegungen zum didaktischen Potenzial von Texten im Fremdsprachenunterricht soll an ausgewählten Textbeispielen mit den dazugehörigen Aufgaben gezeigt werden, wie didaktische Überlegungen in konkretes unterrichtliches Handeln umgesetzt werden können. Diese Ausführungen sind zu verstehen als Anregung und Ermutigung für die Lehrerinnen und Lehrer* des Faches Französisch, ihrem Unterricht ein Profil zu geben, das einem nachhaltigen Bildungsansatz verpflichtet ist, ein Unterricht, in dem in der Arbeit an ganz unterschiedlichen Texten dem Lerner sprachliche und kulturelle Erfahrungen und Einsichten ermöglicht werden.

Für die sorgfältige und kompetente Korrektur des Manuskripts danke ich Frau Ines Carla Schäfer, Diplomübersetzerin und Französischlehrerin aus Müllheim.

Frau Sonja Bederke, Redakteurin der Zeitschrift „Der fremdsprachliche Unterricht–Französisch" im Friedrich Verlag verdanke ich zahlreiche Anregungen zur Präzisierung von Teilaspekten.

Die Endredaktion des Buches lag in den Händen von Frau Karola Vos. Ihrer geduldigen und kompetenten Arbeit gilt mein besonderer Dank.

Kirchzarten im Februar 2007

* Ausschließlich in der Absicht, den Lesefluss zu erleichtern, wird nachfolgend für gemischtgeschlechtliche Gruppierungen die maskuline Form verwendet. „Lehrer" steht also für „Lehrerinnen und Lehrer", „Schüler" meint „Schülerinnen und Schüler".

DIMENSIONEN
DER ARBEIT MIT TEXTEN
IM FRANZÖSISCHUNTERRICHT

1 Texte im Französischunterricht

Fremdsprachenunterricht außerhalb der Grenzen des Zielsprachenlandes ist immer wieder darauf angewiesen, auf Texte als Zeugnisse der jeweiligen Sprache und Kultur zurückzugreifen. Je nach der Zielorientierung des Unterrichts wurden bestimmte Textsorten bevorzugt im Unterricht eingesetzt. Waren es bis vor der Reformwende durch Viëtor Ende des 19. Jahrhunderts vorwiegend Quellen der klassischen Literatur, die als Ausgangspunkt der Grammatikarbeit und als Orientierung für ein humanistisches Bildungsprinzip herangezogen wurden, so gewannen nach den 70er Jahren des letzten Jahrhunderts Sachtexte als authentische Dokumente sprachlicher und außersprachlicher Realität an Bedeutung. Diese klassische Unterscheidung zwischen Sachtexten und literarischen Texten findet heute eine Erweiterung durch Textsorten, die ihr Entstehen vor allem der Entwicklung neuer Medien (Fernsehen, Computer) verdanken.

Bevor in einem zweiten Teil auf die didaktische Verwendung von Texten eingegangen wird, soll nachfolgend aufgezeigt werden, welche grundlegenden Funktionen Texte im Fremdsprachenunterricht erfüllen können.

1.1 Grundfunktionen von Texten im Fremdsprachenunterricht

Im Kontext des Lehrens und Lernens von Fremdsprachen kommt Texten eine dreifache Funktion zu. Als Hörtexte, als geschriebene Dokumente oder als komplexe Produkte unter Verwendung mehrerer Zeichensysteme wie zum Beispiel Werbeanzeigen, Videos und BDs sind sie erstens Repräsentationen der kulturellen und sprachlichen Realität des Zielsprachenlandes. Diese Funktion ist ihnen immer dann ohne Einschränkung zuzuschreiben, wenn es sich um authentische Dokumente handelt. Authentizität bedeutet in dem Zusammenhang einen Verzicht auf eine didaktisch motivierte Bearbeitung. Ausstellungsplakate aus Frankreich, französische Speisekarten, Metrotickets, Tageszeitungen, Flugblätter, literarische Texte – das sind einige Beispiele im Zusammenhang mit dieser ersten Funktionsbestimmung.

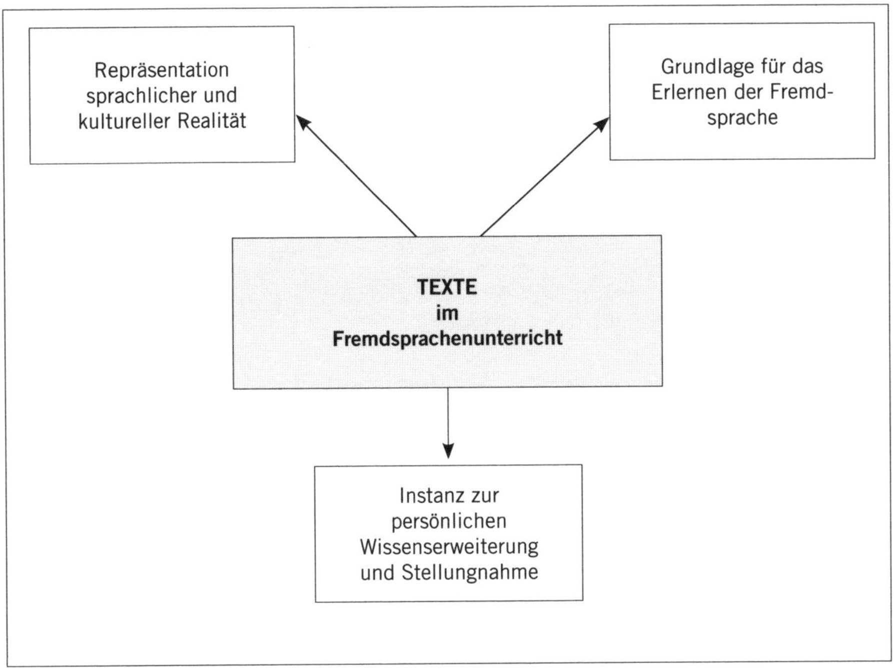

Grundfunktionen von Texten im Unterricht

Zweitens bilden Texte seit jeher die Grundlage für die Begegnung mit und das Erlernen der Fremdsprache. Sie dienen – je nach Textsorte – als Vehikel zum Wortschatzerwerb und bieten Muster situativer Sprachverwendung. Texte bilden den Ausgangspunkt für die Ausbildung und die Überprüfung von rezeptiven und produktiven sprachlichen Fertigkeiten. Sie können schließlich zum Anlass für das Entdecken und Analysieren textspezifischer sprachlicher Merkmale im Unterricht werden. In diesem Zusammenhang erfolgen oft didaktische Eingriffe in authentische Texte mit dem Ziel, sie dem Sprachniveau des Lerners anzupassen oder für eine bestimmte Lernsituation zu adaptieren.[1] Beispiele sind das Ausblenden von Nebengeräuschen bei Hörtexten, das Vereinfachen von Lexik und Grammatik in geschriebenen Texten oder Verfahren der Textreduktion. Lektionstexte in Lehrwerken für den Anfangsunterricht sind Beispiele für diesen zweiten Funktionsbereich.

Text:
Struktur von gesprochenen oder geschriebenen Sprachzeichen über einen Einzelsatz hinaus, die durch Elemente aus anderen Zeichensystemen angereichert sein kann. Textkohäsion bezeichnet den Zusammenhalt der Struktur durch formale Merkmale. Textkohärenz bezeichnet einen auf Wissen beruhenden inhaltlichen Zusammenhalt.

Textsorte:
Teilmenge von Texten, die sich durch gemeinsame Merkmale auszeichnen und die damit von anderen Teilmengen abgegrenzt werden können. Der Begriff wird unterschiedlich weit gefasst. So werden geschriebene Texte und gesprochene Texte oder fiktionale vs. nicht-fiktionale Texte als Textsorten bezeichnet. Der Begriff wird auch benutzt um Genres wie Roman, Theaterstück, Fabel, Gedicht ... zu bezeichnen.

Hypertext:
Information, meistens im www, die nicht-linear gestaltet, sondern die netzwerkartig mit anderen Informationen verknüpft ist und auf die man elektronisch beliebig zugreifen kann.

Eine dritte Funktionsbestimmung von Texten im Französischunterricht steht im Zusammenhang mit der Persönlichkeit des Lerners selbst. Jede Begegnung mit einem Text ist verbunden mit einem Moment der Interaktion. Ein Text fordert den Lerner mit seinem Wissen, seinen Einstellungen, Werten und Empfindungen zu einer gedanklichen oder aktiven Auseinandersetzung auf. Texte erweitern das Wissen, verstärken Wissensstrukturen und nehmen Einfluss auf Einstellungen und Gefühle. Die Microinformation einer Briefmarke, die an die Einführung des bezahlten Urlaubs in Frankreich im Jahr 1936 erinnert, kann anregen zu einer Auseinandersetzung mit den Arbeitsbedingungen bis zu diesem Zeitpunkt und lässt Schüler erkennen, dass der heute als selbstverständlich bezahlte Urlaub erst relativ spät in Frankreich gesetzlich verankert wurde. Fragen dazu, wie der Urlaub in der eigenen Familie erlebt wird oder welche Erwartungen und Ansprüche man selbst an das Arbeitsleben (und damit an den Urlaub) hat, sowie der Vergleich mit anderen Kulturkreisen, zum Beispiel der Bedeutung des Urlaubs in asiatischen Ländern, führen zu einem interkulturellen Lernen als Teil der Persönlichkeitsbildung.

Aber Verse eines Gedichts, die visuelle Komponente einer Werbeanzeige, ein Romanauszug – diese Elemente können ebenso Ausgangspunkt für Fragen an die eigene Identität oder das selbst erlebte soziale und kulturelle Umfeld sein, die dann ihren Ausdruck in einer Collage oder einer eigenen schriftlichen Produktion finden können. Texte können im Sinne des einleitenden Zitats von Alberto Manguel Anlass für eine individuelle Erfahrung sein, für ein Lernen, dessen Wirkung über den Kontext der Schulstunde hinausreicht. Texte sind – mit Ausnahme der Lehrwerktexte – nicht für Schüler geschrieben, sondern für Leser, die mit ihrer Erfahrung und ihrem Vorwissen eine Komplizität mit dem Text begründen. Es soll schon an dieser Stelle auf die Bedeutung hingewiesen werden, die darin liegt, mit Texten im Unterricht gerade solche Instanzen für eine individuelle Auseinandersetzung zu schaffen.

Dieser kurze Bezug auf drei Basisfunktionen soll durch den Hinweis ergänzt werden, dass natürlich in vielen Fällen eine stringente Trennung dieser Funktionen nicht möglich ist, sondern dass bei der Textarbeit mehr als eine Funktion aktiviert werden kann.

1.2 Zieldimensionen der Textarbeit

Im Anschluss an die Ausdifferenzierung der drei Grundfunktionen von Texten ist es das Anliegen der folgenden Ausführungen, das didaktische Potenzial von Texten in Verbindung mit den Zieldimensionen des Unterrichts darzustellen. Der hier verwendete Textbegriff wird ausschließlich auf die Textsorte der geschriebenen Texte bezogen.

Die Arbeit an und mit Texten im Französischunterricht ist immer einem Lernziel verpflichtet, das in erster Linie eine Orientierung für die Textauswahl gibt, das aber auch eine Leitvorgabe für methodische Entscheidungen darstellt.

Zielformulierungen können konkretisiert werden anhand der vier Kompetenzbereiche, die der Gemeinsame Europäische Referenzrahmen für Sprachen (2001) ausweist:

- Wissenskompetenz
- Handlungskompetenz
- Lernkompetenz
- Persönlichkeitskompetenz

Allerdings ist in anderem Zusammenhang (Leupold 2007a) darauf hingewiesen worden, dass dieses wichtige Dokument des Europarates als ein Kompromisspapier angesehen werden kann, weil es von der Intention geleitet ist, einen Rahmen für das Lehren, Lernen und Evaluieren von Sprachen für alle Länder Europas zu beschreiben, unabhängig von der jeweiligen bildungspolitischen Ausgangslage oder den kulturellen Besonderheiten eines Landes.

<table>
<tr><th colspan="2">Funktionale kommunikative Kompetenzen</th></tr>
<tr><th>Kommunikative Fertigkeiten</th><th>Verfügung über die sprachlichen Mittel</th></tr>
<tr><td>Hör- und Hör-/Sehverstehen
Leseverstehen
Sprechen
– an Gesprächen teilnehmen
– zusammenhängendes Sprechen
Schreiben
Sprachmittlung</td><td>Wortschatz
Grammatik
Aussprache und Intonation
Orthografie</td></tr>
<tr><th colspan="2">Interkulturelle Kompetenzen</th></tr>
<tr><td colspan="2">soziokulturelles Orientierungswissen
verständnisvoller Umgang mit kultureller Differenz
praktische Bewältigung interkultureller Begegnungssituationen</td></tr>
<tr><th colspan="2">Methodische Kompetenzen</th></tr>
<tr><td colspan="2">Textrezeption (Leseverstehen und Hörverstehen)
Interaktion
Textproduktion (Sprechen und Schreiben)
Lernstrategien
Präsentation und Mediennutzung
Lernbewusstheit und Lernorganisation</td></tr>
</table>

Bildungsstandards für die erste Fremdsprache (Englisch/Französisch) für den Mittleren Schulabschluss (2003, S. 9)

Aber diese Publikation hat in Deutschland zu einer Neuorientierung der administrativen Vorgaben für den Fremdsprachenunterricht geführt aus der Einsicht heraus, dass der Blick auf das zu erreichende Endprofil des Lerners zu richten ist und die Einzelstunde als Glied einer Kette hin zu diesem Kompetenzniveau zu konzipieren ist.[2] Dieser „outputorientierte" Ansatz hat seinen Niederschlag gefunden in den länderübergreifenden Bildungsstandards. Sowohl im Bildungsstandard für den Hauptschulabschluss (2004) als auch in dem Dokument für den Mittleren Schulabschluss (2003) werden die in der Grafik oben genannten Kompetenzbereiche bestimmt, für die im Rückgriff auf Niveauskalierungen des GeR für einzelne Teilkompetenzen Niveauanforderungen ausgewiesen werden.

Die Bildungsstandards für die Lehrgänge Französisch 1. Fremdsprache Hauptschulabschluss und Mittlerer Schulabschluss sind konzipiert und verabschiedet worden und können eine Orientierung für die Abfassung von Kernlehrplänen in vielen Bundesländern bilden, die spezifische Zielformulierungen für die Arbeit in der Klasse ausweisen sollen.

Die drei Kompetenzbereiche können in dem Sinne eine geeignete Orientierung für die Arbeit mit Texten darstellen, als sich aus ihnen Feinziele für die Auswahl eines Textes und seine didaktisch-methodische Umsetzung im Unterricht ableiten lassen. In der folgenden Grafik werden sechs Zieldimensionen der Textarbeit im Fremdsprachenunterricht skizziert.

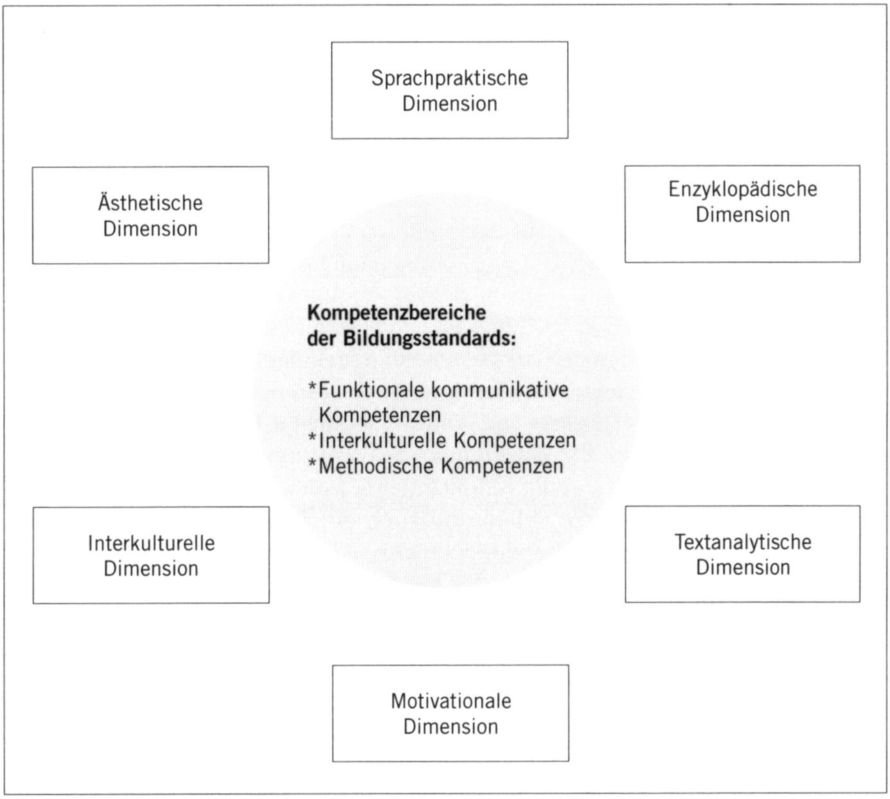

Zieldimensionen der Textarbeit

Enzyklopädische Dimension

Texte bilden – nicht nur im schulischen Kontext – die Grundlage für die Konstitution individuellen und kollektiven Wissens. (Antos 1997)

Sie sind nicht nur Träger von Informationen, sondern sie fordern den Leser auch zur aktiven, (de)konstruktiven Auseinandersetzung mit Form und Inhalt auf. Der Erwerb neuer Wissensstrukturen zu kulturellen oder geografischen Sachverhalten verläuft interaktiv unter Nutzung bereits bestehender Wissenselemente, führt zur Wissenserweiterung und kann – im Kontrast zur eigenen Realität – interkulturelles Lernen auslösen.

Textarbeit fördert aber nicht nur die individuelle Erweiterung eines deklarativen Wissens, sondern der Umgang mit unterschiedlichen Textsorten verlangt auch immer nach der differenzierten Anwendung von Bearbeitungstechniken. Die Ausbildung und Erweiterung prozeduralen Wissens bildet damit eine weitere Facette der enzyklopädischen Dimension.

Wer im Unterricht erlebt hat, welche Zufriedenheit sich auf Lernerseite im Anschluss an die gezielte Anwendung von Analysestrategien bei der Erarbeitung eines Sachtextes einstellt, der sich den Schülern anfangs aufgrund lexikalischer und grammatischer Schwierigkeiten verschloss, wird der Feststellung vorbehaltlos zustimmen, dass Textarbeit neben der Erweiterung des deklarativen Wissens auch zur erfolgreichen Ausbildung von Analysetechniken führt.

Ästhetische Dimension

Ob bei der ersten Begegnung mit den *calligrammes* von Apollinaire, einer Werbeanzeige von Peugeot, einem Gedicht oder einem Romanauszug: In allen Fällen ist es nicht ausschließlich der Inhalt, der für die Bereitschaft zur Textrezeption eine Rolle spielt. Motivation im Sinne eines „Sich-Einlassens" auf weitere Etappen des Verstehens wird auch und gerade mit dem subjektiven Empfinden einer gelungenen, ansprechenden Gestaltung eines Textes ausgelöst.

Die Konfrontation der Lerner mit unterschiedlichen Texten im Französischunterricht ist ein Beitrag zur Ausbildung eines ästhetischen Empfindens, das sich nicht auf das Wissen um die Möglichkeiten ästhetischer Textgestaltung beschränkt, sondern das in den Fällen, in denen die Textvorlage zum Anlass für ein Weiterschreiben oder zur individuellen produktiven Textvariation genommen wird, die Kompetenzentwicklung in den Bereichen der Handlungskompetenz sowie der Lernkompetenz fördert. Die bewusste Kontrastierung zum Beispiel von Werbetexten oder Werbeanzeigen eines Produkts für den deutschen Verbraucher und für den Konsumenten in Frankreich kann im fortgeschrittenen Unterricht sogar dazu führen, dass sich ein Bewusstsein für Unterschiede im ästhetischen Empfinden bei Deutschen und Franzosen herausbildet, und stellt damit ebenfalls einen Beitrag zur Ausbildung interkultureller Kompetenzen dar.

Interkulturelle Dimension

Texte, insbesondere authentische Texte, spiegeln in unterschiedlicher Art und Weise Realitäten des Zielsprachenlandes. Sie werden vom Lerner als „echtes" Zeugnis einer für ihn weitgehend unbekannten Realität aufgenommen. Diese Feststellung trifft – so paradox es klingen mag – sowohl für expositorische als auch für literarische Texte zu, und sie gilt natürlich für viele andere Textformen.

Im Abgleich neuer Sachverhalte mit der bisher erfahrenen Wirklichkeit, im Wechsel von Innen- und Außenperspektive (Bredella 1999) bilden sich Erkenntnisse und Einsichten, die zu einem Fremdverstehen und zu einem differenzierten Urteil sowohl der eigenen Kultur als auch der des Zielsprachenlandes führen.

Textarbeit ist eine wichtige Instanz, um dem Lerner die Kompetenzen zu vermitteln, die ihn zu einem *intermédiaire culturel* machen, also zu einem Individuum, das über eine soziokulturelle Kompetenz verfügt, die ein (Ver-)Mitteln zwischen den Kulturen ermöglicht.[3]

Sprachpraktische Dimension

Texte sind nicht nur Quelle für die Erweiterung des deklarativen und prozeduralen Wissens in den Bereichen Lexik und Grammatik, sondern sie sind auch Ausgangspunkt für einen aktiven, handlungsorientierten Umgang mit Sprache. Texte haben formal oder thematisch Aufforderungscharakter, der zum Lesen, zum Weiterschreiben, zum Umschreiben, zum Spielen, zum Diskutieren, zum Malen und Zeichnen, zum Auswendiglernen sowie zu zahlreichen anderen Handlungen mit und ohne Sprache anregt. Sie sind in diesem Sinne *prétextes*, wobei „pré" zu übersetzen ist mit „vor, für, an Stelle von, im Verhältnis zu". Auf dem Wege der Verknüpfung von rezeptiven und produktiven Aktivitäten erfolgt ein Beitrag zur Ausbildung von Wissens- und Handlungskompetenz.

Dieses interaktive Potenzial, das durch ziel- und lernerorientierte Aufgaben in praktisches Handeln mit der Zielsprache umzusetzen ist, macht Texte zu einem wertvollen Mittel der Ausbildung einer Handlungskompetenz im Sprachlehr- und -lernprozess.

Durch die Einbeziehung von Texten aus anderen Sprachen als der Zielsprache des Unterrichts wird die Möglichkeit eröffnet, sowohl dem Ansatz der Mehrsprachigkeit (Meißner/Reinfried 1998, Bausch 2003, Hermann-Brennecke 2003) Rechung zu tragen als auch das Sprachbewusstsein (Gnutzmann 1997, 2003) der Lerner zu fördern.

Motivationale Dimension

Wenn es darum geht, die Frage nach dem Interesse für das Fach und am Lernen zu beantworten, sind die jüngsten Veröffentlichungen zur Motivation zu berücksichtigen.[4] Ein Ansatz, auf den auch heute noch Bezug genommen wird, ist die auf Gardner/Lambert (1972) zurückgehende Unterscheidung von „Instrumenteller Motivation" und „Integrativer Motivation" beim Spracherwerb. Ein Sprachenlerner mit einer instrumentellen Motivation verbindet – vereinfacht dargestellt – mit dem Erlernen der Sprache die Vorstellung, dass diese Kompetenz ihm später nützlich sein könne, zum Beispiel bei der Ausübung eines Berufes. Das Konzept der integrativen Motivation beruht auf einem Interesse für die Kultur des Zielsprachenlandes. Sprachkompetenz in der betreffenden Sprache ermöglicht das Erleben von Nähe, ein Vertrautwerden mit dem Land, seinen Menschen und seiner Kultur.

Diese die Motivationsforschung über Jahrzehnte beeinflussende Dichotomie haben Dörnyei und Csizér weitergedacht, indem sie das Konzept der integrativen Motivation nicht beziehen auf „any actual, or metaphorical, *integration* into an

L2 community", sondern „to some more basic *identification process* within the individual's self concept". (Dörnyei/Csizér 2002, S. 454) In ihrer jüngsten Veröffentlichung (Dörnyei/Csizér/Németh 2006, S. 16) beschreiben sie das „L2 Motivational Self System", das „Ideal L2 Self", als ein Motivationskonzept, das sich aus folgenden drei Komponenten (Motiven) speist:

- dem Wunsch, eine spezielle Sprache zu lernen, um die Diskrepanz zwischen einem aktuellen und einem als ideal angesehenen Zustand zu überwinden,
- der Überzeugung, es gehöre dazu, eine Sprachkompetenz in der betreffenden Einzelsprache zu besitzen und
- einer (positiven) Lernerfahrung im Zusammenhang mit der Lernumgebung. (Dörnyei/Csizér/Németh 2006, S. 145)

Die Autoren gehen davon aus, dass dieses Konzept besonders geeignet ist, um die Motivation beim Erlernen von Fremdsprachen in Lernkontexten zu erklären, „even if they offer little or no contact with L2 speakers (e.g. in typical foreign language learning situations where the L2 is primarily a school language)". (ebd.)

Texte können dem Schüler helfen, sein subjektiv empfundenes sprachliches oder kulturelles Defizit zu überwinden. Literarische Texte eröffnen dem Schüler die Möglichkeit, seine eigene Wirklichkeit mit dem fiktionalen Entwurf einer anderen Wirklichkeit zu vergleichen. Sachtexte erweitern das eigene Wissen. Beide Prozesse stärken die Persönlichkeit.

Es ist eine schwierige und nie mit Gewissheit zu lösende Aufgabe, das Motivationspotenzial einzuschätzen, das ein Text in einer Lerngruppen entfalten kann, und zugleich zielorientierte Aufgaben für die Textarbeit zu konzipieren, die das Interesse an der Auseinandersetzung mit dem Text und damit ein nachhaltiges Lernen fördern.

Die gute Kenntnis der Lerngruppe sowie individueller Interessen ist allein noch kein Garant für eine gelungene Textauswahl. Es gibt Lerngruppen, die Camus' *L'Etranger* interessiert lesen und engagiert diskutieren, während es eine andere Lernergeneration nach vorbereitender Lektüre ablehnt, sich an einer Detailanalyse des Textes im Unterricht zu beteiligen.

Sinnvoll ist es vor allem bei längeren Texten, die Schüler an der Auswahl zu beteiligen. Das kann zum Beispiel durch kurze Resümees eingeleitet werden, die einen Überblick zum Inhalt geben.

Motivation auf Lernerseite ist ein komplexer Faktor, bei dem immer auch der Bezug auf die Kriterien „Spaß" und „Nutzen" eine wichtige Rolle spielt.

Eine *bande dessinée* motiviert Schüler im Anfangsunterricht als ein Text, der in Abgrenzung zum Bild-Text-Schema einer Lehrwerklektion deutlich einen anderen Leseverstehenszugang verlangt. Dazu kommt eine situativ geprägte Sprache mit stark onomatopoetischem Charakter, die das Interesse der Lerner wecken kann. Und von der Art der Illustrationen kann ebenfalls eine motivierende Wirkung ausgehen.

Hingegen ist es beim *fait divers* oder einem Leserbrief ebenso wie bei einem literarischen Text eher der Inhalt, der – im günstigen Fall – zu einer offenen, interessierten Lernhaltung führt.

Die Bereitschaft des Lerners zur Begegnung mit Texten und seine Lust zu wecken und zu fördern, sich mit ihnen im Kontext schulischen Lernens auseinander zu setzen, hat eine nicht zu unterschätzende Bedeutung für eine positive Einstellung gegenüber Texten über den Schulunterricht hinaus.

Textanalytische Dimension

Das Verstehen von Texten unterschiedlicher Textsorten setzt nicht nur die Bereitschaft zur emotionalen und kognitiven Auseinandersetzung voraus, sondern es ist auch an die Kenntnis bestimmter Techniken und Strategien für eine erfolgreiche Informationsentnahme gebunden. Das Erkennen der Position des Erzählers in einem literarischen Text, das Erschließen unbekannter Wörter aus einem Kontext, das Formulieren von Hypothesen zu künftigen Handlungen, also das Inferieren (vgl. 4.4.1), das Wahrnehmen und Verarbeiten von Bedeutungskomplementarität oder -opposition bei Texten mit mehreren Zeichensystemen (BD, Infografie, Werbeanzeige): Diese und andere textanalytische Techniken lassen sich jeweils spezifisch für einzelne Textsorten erarbeiten. Damit erwirbt der Lerner ein Rüstzeug, das ihm Sicherheit im Umgang mit Texten auch außerhalb der Schule gibt.

Zusammenfassung

Die Skizzierung unterschiedlicher Zieldimensionen verdeutlicht das Potenzial von Texten, das im Unterricht aktualisiert werden kann.

In einer Unterrichtsstunde oder Unterrichtseinheit wird unter Berücksichtigung didaktischer Zielorientierungen oder organisatorischer Zwänge vermutlich öfter der Schwerpunkt auf einzelne Zieldimensionen gelegt werden. Eine solche Zielentscheidung setzt eine sorgfältige Analyse des Textes selbst voraus und ist nicht nur mit Blick auf administrative Vorgaben (Lehrplan, Rahmenplan) zu treffen, sondern vor allem auch unter Berücksichtigung der Lernergruppe.

1.3 Inhaltsdimension

Die Beschreibung der Kompetenzbereiche in den Bildungsstandards ermöglicht eine Orientierung für den Lehrgang. Zusätzliche Aufgabenbeispiele vermitteln exemplarisch eine vage Idee, wie eine Umsetzung des Kompetenzkonzepts in konkretes unterrichtliches Handeln aussehen kann.

Aber ebenso wenig, wie man methodische Hinweise in den Bildungsstandards findet, fruchtet die Suche nach Konkretisierungen der Inhalte und Themen.

Das ist nun kein Defizit der Bildungsstandards, sondern der Verzicht auf Inhalts- und Themenvorgaben ist mit dem Charakter des Dokuments selbst zu erklären, das nur ein Abschlussprofil des Lerners eines Lehrgangs beschreibt. Unterrichtsbezogene Konkretisierungen – auch hinsichtlich der Themen und Inhalte – leisten die länderspezifischen Vorgaben (Lehrpläne, Rahmen-, Kernlehrpläne).

Für die Selektion von Texten kommt der Frage nach der Inhaltsdimension eine entscheidende Rolle zu.

Zur Bedeutung der Inhaltsdimension

Unterrichtsinhalte und -themen sind fundamental wichtig in einem Fach wie Französisch, für das Sprache Ziel und Mittel der Kommunikation ist. Sein Beitrag zu einem schulischen Bildungskonzept verlangt nach einer überzeugenden inhaltlichen Orientierung, und die Strukturierung über Kompetenzbereiche sowie die formulierten Standards bleiben so lange leere Hülsen, wie es nicht gelingt, sie mit konkreten Inhalten zu versehen. Qualitätssicherung ist auch für den Französischunterricht nicht unter Ausschluss der Inhaltsdimension zu leisten.

Bredella (2006) hat in einer prägnanten Analyse einzelner Leseverstehensaufgaben aus dem PISA-Konzept gezeigt, wie ein formalistisches Literaturverständnis eklatant die Inhaltsdimension vernachlässigt und damit bewusst die Frage ignoriert, „ob nicht bestimmte Texte für die kognitive und emotionale Entwicklung der Jugendlichen wichtiger sind als andere". (Bredella 2006, S. 149)

Küster hat in mehreren Publikationen (2003, 2004) auf das Spannungsverhältnis im Fremdsprachenunterricht verwiesen, das besteht zwischen der Forderung nach Ausbildung sprachlicher Kompetenz aus Nützlichkeitserwägungen, zum Beispiel mit dem Gedanken an eine berufliche Qualifikation, und dem Konzept eines Fremdsprachenunterrichts, der auf den Bildungsprozess des Einzelnen ausgerichtet ist und dem Lerner Anlässe bietet für „eine kritische und nie endende Infragestellung der Prämissen eigenen Denkens, (...) eine Reflexion der eigenen Erfahrungen und Wertentscheidungen". (Küster 2004, S. 197)

Eine Inhaltsdiskussion im Umfeld von PISA und im Zusammenhang mit der Implementierung der Bildungsstandards anzuregen bietet die Chance, eine Antwort auf die Frage nach der Bildungsrelevanz des Faches auf unterschiedlichen Ebenen bis hin zur Schule vor Ort zu geben.

Auswahlkriterien der Inhalte und Themen

Girmes stellt mit Blick auf die Frage nach der Auswahl von Inhalten ernüchternd fest, dass „die Lösung der Auswahlfrage (...) mit materialbestimmten Auswahlen nicht erfolgversprechend (gelingt)", und fordert „alternative Lösungen, nämlich am lernenden Individuum orientierte Strategien". (Girmes 2004, S. 77)

Dieser Idee sind die Ausführungen im Bildungsplan **Realschule Sekundarstufe I** der Freien und Hansestadt Hamburg (2003) verpflichtet, der für die Jahrgangsstufen 7/8 und 9/10 verbindliche Inhaltslisten[5] vorgibt, die – wie einleitend angemerkt wird – sich „an dem Erfahrungs- und Interessenhorizont der Schüler orientieren und in besonderem Maße geeignet sind, ihnen einen vielfältigen Zugang zur Gesellschaft des Zielsprachenlandes zu verschaffen". (Bildungsplan, S. 11)

Verbindliche Themen/Kommunikationsbereiche

Zur Person **2FS 7/8-1**
- Angaben zur Person
- Mitglieder der Familie
- Angaben zum Beruf
- Zusammenleben in der Familie, Aufgaben und Pflichten, gemeinsame Aktivitäten
- Alltag: Tagesablauf, Mahlzeiten

Wo ich lebe, wo wir leben **2FS 7/8-2**
- Mein Zimmer, unsere Wohnung, unser Haus, unsere Straße, mein Stadtviertel
- Freizeitangebote
- Sich in einer Stadt orientieren, Verkehrsmittel

➔ Gesellschaft 5/8-4 Globalisierung von Alltag und Freizeit

Schule **2FS 7/8-3**
- Schulalltag, z.B. Fächer, Stundenplan, Noten, Pausen, Klassenraum
- Ferien

Freizeit/Hobbys **2FS 7/8-4**
- Sport, Spiel, Musik, Lektüre
- Aktivitäten mit Freunden
- Ausflüge, Reisen, Wetter
- Haus- und Lieblingstiere

Einkaufen, Konsumgewohnheiten **2FS 7/8-5**
- Lebensmittel, typische Nahrungsmittel
- Kleidung und Farben

Essen – Trinken / Tischsitten– Feste – Feiern – Kultur **2FS 7/8-6**
- Einfache Rezepte, Essgewohnheiten, Mahlzeiten
- Landestypische Feste und Gebräuche
- In Französisch: z.B. Weihnachten, *14 juillet*/Nationalfeiertag, *boules*, *Fête des Rois*
- In Spanisch: z.B. Weihnachten, *Semana Santa*, Lotterie der *ONCE*, Karneval, Stierkampf, Musikszene

Geografie des Zielsprachenlandes (sowie zusätzlich in Spanisch) **2FS 7/8-7**
- Hauptstadt, wichtige Städte
- Flüsse, Gebirge, Inseln
- Geografie Lateinamerikas (elementar), z.B. *paises hispanohablantes*, *los Andes*, *el Amazonas*

Befinden/Einstellungen – Werte **2FS 7/8-8**
- Das persönliche Empfinden
- Was ich wichtig finde, was ich nicht mag
- Vorbilder, Idole

Klassenstufe 7/8: *Rahmenplan Neuere Fremdsprachen. Bildungsplan Realschule Sek. I der Freien und Hansestadt Hamburg (2003, S. 11–12, 17–18)*

Verbindliche Themen/Kommunikationsbereiche:

Folgende Themen aus den ersten beiden Lernjahren werden vertieft und erweitert:
- Leben in der Familie **2FS 9/10-1**
- Freundschaft und Partnerschaft **2FS 9/10-2**
- Freizeit, Hobbys, Sport, Musik, Filme **2FS 9/10-3**
- Reisen, Urlaub und Verkehr **2FS 9/10-4**

Ausgewählte aktuelle gesellschaftliche Themen, z. B.: 2FS 9/10-5
- Umwelt, Klima, Naturschutz
- Schule, Ausbildung, Zukunftsperspektiven der jungen Erwachsenen

➔ Beruf 9/10-3 Entscheidungsprozess
- Medien und Mediengewohnheiten, Presse
- Leben in Ballungszentren und in ländlichen Regionen
- Zusammenleben in einer multikulturellen Gesellschaft

➔ Interkulturelle Erziehung 9/10-1 Migration in der Weltgeschichte

Länderspezifische politische und geografische Themen, z. B.: 2FS 9/10-6
Französisch
➔ Interkulturelle Erziehung 9/10-3 Europa – ein Kontinent mit gemeinsamer Zivilisation und vielen Kulturen?
- Die deutsch-französischen Beziehungen
- Europäische Union
- Frankofonie
- eine Region Frankreichs

Klassenstufe 9/10: *Rahmenplan Neuere Fremdsprachen. Bildungsplan Realschule Sek. I der Freien und Hansestadt Hamburg (2003, S. 11–12, 17–18)*

Die Auflistung der Inhalte bezieht sich mit Inhalten wie „Freizeit/Hobbys“ oder „Wo ich lebe, wo wir leben“ (Jg.-Stufe 7/8) einerseits auf den Erfahrungsbereich der Schüler. Andererseits werden kulturelle Begebenheiten des Zielsprachenlandes als themenspezifische Inhalte des Unterrichts ausgewiesen wie zum Beispiel der „14 juillet“ auf der Jahrgangsstufe 7/8 oder das Thema „Migration in der Weltgeschichte“ (Jahrgangsstufe 9/10).

Angesichts der Unmöglichkeit, sich einvernehmlich auf einen Inhaltskanon für Stufen des Französischunterrichts zu verständigen, ergibt sich eine Antwort auf die Frage nach den Inhalten als Selektionskriterium aus der Abwägung bestimmter Parameter. Die Entscheidung für oder gegen ein Thema ist Gegenstand der Fachkonferenz, die einen Beitrag zu einem eigenen Schulcurriculum leisten muss. Folgende Parameter spielen bei der Entscheidung eine wichtige Rolle:
- das Lernerinteresse für die Thematik
- die Bedeutung des Themas für die Zielsprachenkultur
- das Potenzial für ein interkulturelles Lernen

Gerade das dritte Kriterium ist geeignet, den Beitrag des Französischunterrichts zu einem lernerbezogenen Bildungskonzept zu verdeutlichen.

Man mag einwenden, dass das Kriterium der „Aktualität" fehlt. Diesem inhaltlichen Kriterium kommt nur marginale Bedeutung zu in einem Unterricht, der nicht kurzfristige Motivations- und Lerneffekte erreichen will, sondern der auf eine nachhaltig positive Einstellung des Lerners und auf eine längere Lernentwicklung hin angelegt ist.

Wie schwierig die Entscheidungsfindung schließlich ist, sollen die folgenden Beispiele illustrieren.

Das erste Beispiel ist eine Annonce aus dem Stadtmagazin *Paris Mômes*[6], mit der Sänger und Schauspieler aller Altersgruppen für das Musical *Le Roi Lion* gesucht werden. Auf den ersten Blick scheint dieser Text, ein Aufruf zur Bewerbung für ein *casting*, für die Arbeit im Unterricht interessant, denn ein Bezug zur Lebenswelt der Lerner ist eindeutig gegeben. Man denke an das Interesse für Musicals und Sendungen wie „Deutschland sucht den Superstar". Aus diesem Grund kann man ein großes Motivationspotenzial annehmen. Aber der (klein gedruckte) Hinweis, dass für die jugendlichen Rollen „des candidats d'origine antillaise, africaine, métisse, latino-américaine, asiatique ou orientale" gesucht werden, schränkt dieses Motivationspotenzial deutlich ein.

Für interkulturelles Lernen bietet der Text ebenso wenig Anregungen wie für eine Ausbildung der sprachlichen Fertigkeiten. Allein ein Einsatz als Leseverstehenstext wäre denkbar. Die Frage, ob der Text für die Annäherung an die Zielsprachenkultur relevant sein könnte, muss verneint werden, denn es handelt sich in diesem Fall um ein absolut singuläres Ereignis. Auch eine Verknüpfung mit Bildungszielen des Faches ist kaum überzeugend herzuleiten.

Damit ist dieser Text – auf welcher Stufe eines Lehrgangs auch immer und trotz unbestreitbarer Authentizität – aufgrund seines Inhalts kaum einsetzbar.

Das zweite Beispiel ist ein Gedicht von Paul Claudel mit dem Titel *Éventail.*[7] Das sprachlich sehr schlichte Gedicht spannt den Bogen vom Fächer (Überschrift) über die Rose bis zur Idee der Ewigkeit. Die Auseinandersetzung mit der Kommunikationsabsicht des Dichters, das Sich-Hineinfühlen in eine Sicht von Leben und Welt – diese dem Bildungskonzept verpflichteten Ziele lassen sich mit dem Text gut im fortgeschrittenen Unterricht einlösen. Aber schon der Bezug zur Lebenserfahrung Jugendlicher ist nur schwer herstellbar, und der vom Inhalt ausgehende motivationale Anreiz ist – damit einhergehend – eher gering. Inhaltlich-thematisch ist der Text für die französische oder frankofone Kultur nicht relevant. Der durch die chinesischen Schriftzeichen angedeutete Bezug zur asiatischen Kultur ist vermutlich zu schwach, um für ein interkulturelles Lernen genutzt werden zu können. Außer der Arbeit an einem überzeugenden mündlichen Vortrag sind keine weiteren Aufgaben denkbar, die das explizite Ziel haben, die sprachlichen Kompetenzen auszubilden.

Die vorigen Überlegungen und Beispiele zeigen, dass der inhaltlichen Textauswahl ein komplexer Entscheidungsprozess zugrunde liegt. Die genannten

Stage Entertainment France organise des

AUDITIONS

pour la version en langue française du musical

Disney's
LE ROI LION

qui se jouera au Théâtre Mogador à Paris

Les auditions se dérouleront à Paris durant les mois d'octobre et novembre 2006

Nous recherchons :

CHANTEURS/COMEDIENS (H/F) entre 18 et 50 ans
pour les rôles principaux

CHANTEURS (H/F) entre 18 et 40 ans
Style pop/rock et/ou expérience dans le chant africain traditionnel (chorale)

ENFANTS (H/F) entre 8 et 12 ans
Sachant danser et chanter pour les rôles de Nala et Simba jeunes

Merci d'adresser une photo et un CV :

ENFANTS : au plus tard le 2 octobre 2006 - ADULTES : au plus tard le 9 octobre 2006
soit par e-mail à : leroilion@stage-entertainment.fr
soit par courrier postal à : Théâtre Mogador, 25 rue de Mogador, 75009 Paris
en précisant « Auditions Le Roi Lion » sur l'enveloppe

Nous recherchons également :

DANSEURS (H/F) entre 18 et 30 ans
Avec un très bon niveau en danse classique, modern jazz et si possible en gymnastique acrobatique

AUDITION DE DANSE OUVERTE le 20 octobre 2006
Hommes : de 10h à 13h (arrivée à 9h30) - Femmes : de 14h à 17h (arrivée à 13h30)
Calentito - 7/9, rue des Petites Ecuries (2ème étage) - 75010 Paris
Après sélection, il vous sera éventuellement demandé de chanter. Merci de venir avec une partition pour piano.

Pour toute information, consultez le site : www.stage-entertainment.fr/auditions

Considérant le caractère spécifique de cette production, nous recherchons plus particulièrement des candidats d'origine antillaise, africaine, métisse, latino-américaine, asiatique ou orientale (à l'exception des Chanteurs/Comédiens adultes des rôles principaux, pour lesquels nous recherchons aussi des candidats d'origine européenne).

Les candidats retenus devront être disponibles pour toute la période de juillet 2007 à octobre 2008.

paul Claudel
(1868-1955)

Éventail

花
脆

Seule
la
rose
est
assez fragile

pour exprimer
l'Eternité

Parameter sind immer mit Bezug auf die Lernergruppe anzuwenden, die den in Frage stehenden Text bearbeiten wird. Und natürlich kann es Unterrichtssituationen geben, die den Einsatz bestimmter Textinhalte rechtfertigen, die normalerweise unberücksichtigt geblieben wären. So kann das Gedicht von Claudel in einem Oberstufenkurs mit dem Thema „Poèmes d'amour" ein reizvoller und motivierender Text sein.

Zusammenfassung
Die Ausführungen zur Inhaltsdimension bei der Auswahl und der Arbeit mit Texten unterstreichen die Bedeutung, die der Frage nach den Inhalten auf allen Stufen des Unterrichts zukommt. Schon in der Lehrwerkphase gilt es, sorgfältig den Lektionstext auf seine Inhaltsdimension hin zu überprüfen und offen alle möglichen Optionen in den Blick zu nehmen. Damit ist gemeint, dass man sehr wohl zu dem Schluss kommen kann, einen angebotenen Lektionstext mit den Schülern *in toto* und unverändert zu bearbeiten. Aber die Prüfung kann auch das Ergebnis haben, einen Lektionstext, der keinem der genannten Kriterien entspricht, durch einen anderen Text zu ersetzen.

Schließlich kann eine Entscheidung in die Richtung gehen, einen inhaltlich schwachen Lehrbuchtext trotz Bedenken zum Gegenstand des Unterrichts zu machen, ihn aber methodisch so mit den Schülern zu bearbeiten, dass er nur als Ausgangspunkt genommen wird, um mit attraktiven Aufgaben, die über den Text hinaus reichen, die Inhaltsdimension zu erschließen.

Die Idee ist, einen schwachen Inhalt durch attraktive Aufgaben zu kompensieren, die zu einer Inhaltsvertiefung führen.

1.4 Aufgaben

Kompetenzbeschreibungen bleiben blass und abstrakt, solange sie nicht mit konkreten Inhalten verbunden werden. Texte im Unterricht bleiben unberührt, solange sie nicht durch aufgabengeleitete Aktivitäten von den Schülern bearbeitet werden.

Es liegt nicht nur in der Verantwortung des Lehrers, Texte auszuwählen. Er hat auch die Verpflichtung, den Verstehensdialog zwischen Lerner und Text durch entsprechende Aufgaben anzubahnen und – wenn notwendig – zu begleiten.

Lernermotivation und Lernintensität werden entscheidend durch die Aufgaben gesteuert. Zugleich sind sie Ausweis dafür, welche der einleitend genannten Dimensionen im Rahmen der Textarbeit aktualisiert werden.

Die Bedeutung, die dem Thema „Aufgaben" in der neueren fachdidaktischen Diskussion beigemessen wird, speist sich aus zwei Quellen. Zum einen hat das Konzept des *Task-based Language Teaching and Learning*, mit dem Namen wie Ellis, Willis, Nunan oder Skehan verbunden werden, starke Resonanz bei deutschen Fremdsprachendidaktikern gefunden.[8]

Zum anderen wird als Konsequenz aus den Ergebnissen der PISA-Studie und der bildungspolitischen Entscheidung zugunsten von Bildungsstandards die Notwendigkeit betont, die Endniveaus durch Testaufgaben zu überprüfen. So wird im Bildungsstandard für den Mittleren Schulabschluss (2003, S. 9) gefordert, die Schüler „durch sprachlich und kognitiv anspruchsvolle Aufgaben" auf ihren weiteren Bildungsweg vorzubereiten.[9] Aus dieser Vorgabe erklären sich die mehr oder weniger umfangreichen Hinweise in den länderspezifischen Dokumenten, die dem Thema „Aufgaben" gewidmet sind.

Schon diese Hinweise zeigen, dass es auch für die Arbeit mit Texten notwendig ist, den Aufgabenbegriff terminologisch und inhaltlich zu bestimmen.

Didaktische Merkmale von Lernaufgaben

Im Gemeinsamen Europäischen Referenzrahmen (GeR) wird eine Vision von Sprachverwendung und vom Erwerb einer Sprache entworfen, in deren Mittelpunkt ein gesellschaftlich handelndes Individuum steht, das über sprachliche und allgemeine Kompetenzen verfügt und das Strategien einsetzt, um Aufgaben in der Welt sprachlich zu bewältigen. (Vgl. GeR 2001, S. 21)

Lernaufgaben, konzipiert als „activities that call for primarily meaning-focused language use" (Ellis 2004, S. 3), stellen in diesem Zusammenhang eine Schlüsselinstanz dar. Sie bieten dem Lerner die Möglichkeit, seine sprachlichen und allgemeinen Kompetenzen im Verlauf eines konstruktiven und bedeutungsvollen Handlungs- und Interaktionsprozesses auszubilden. Damit eine Lernaufgabe diese Funktion erfüllen kann, muss sie nach Ellis (2004, S. 9 f.) folgende Merkmale aufweisen:

1. Die Aufgabe ist ein Arbeitsplan mit klarer Zielvorgabe.
2. Der Schwerpunkt liegt auf dem Inhalt.
3. Die Aufgabe verlangt nach Instanzen authentischer Sprachverwendung.
4. Die Aufgabe kann speziell einzelne sprachliche Fertigkeiten fokussieren.
5. Die Bearbeitung einer Aufgabe verlangt nach kognitiver Durchdringung.
6. Zu einer Aufgabe gehört eine klare Beschreibung des zu erzielenden Ergebnisses.

Inhaltliches Merkmal von Lernaufgaben ist, dass sie die Problemlösung realer Sachverhalte zum Gegenstand haben, sodass einerseits der *écart* zwischen der Welt des Klassenzimmers und der Welt außerhalb reduziert wird, und dass andererseits der Lerner in diesem Kontext seine Interaktionskompetenz „realitätsnah" ausbilden kann.

Was die verschiedenen Konzepte in Verbindung mit dem Ansatz des aufgabenorientierten Lernens betrifft, so bietet ein Ansatz, der – spracherwerbstheoretisch fundiert – den Lerner zum Ausgangspunkt nimmt, der also die „Interaktion zwischen der Lernaufgabe und den Aufgabenausführenden" (Eckerth 2003, S. 43) in den Blick nimmt, die Chance zu einer Weiterentwicklung der traditionellen Aufgabenpraxis. Ein lernerorientierter Aufgabenansatz (Nunan 1999) wird bei der Bestimmung des Schwierigkeitsgrads einer Aufgabe sowohl das Vorwissen der Lerner berücksichtigen als auch dem Zusammenspiel von kognitiven Prozessen und affektiven Reaktionen Rechnung tragen. Lernerorientierte Aufgaben sind Instanzen für die individuelle Übernahme von Verantwortung für das Lernen durch den Lerner. Sie sind eine wichtige Grundlage für die Kompetenzausbildung und begünstigen ein selbstbestimmtes Handeln.[10] Die mit ihnen gemachten Lernerfahrungen können für die Lernmotivation über den schulischen Fremdsprachenunterricht hinaus von Bedeutung sein.

Diese auf wenige zentrale Merkmale komprimierte Beschreibung des Konzepts der Aufgabenorientierung macht deutlich, dass die didaktischen Prinzipien der Handlungsorientierung, der Prozessorientierung sowie der Lernerautonomie von konstitutiver Bedeutung sind. Zugleich kann man eine Nähe zu bekannten Verfahren wie dem projektorientierten Arbeiten oder der *simulation globale* feststellen.

Was die Unterrichtsorganisation betrifft, so stellt ein aufgabenorientierter Unterricht das traditionelle Schema der Sprachvermittlung (Zimmermann 1969) infrage, unterteilt in die drei Unterrichtsphasen „Spracheinführung", „Sprachübung" und „Sprachanwendung".

Dieses Phasenmodell favorisiert die Instruktion, während Aufgabenorientierung einem konstruktivistischen Ansatz verpflichtet ist. Für Carstens ist es „die günstigere Alternative, da es eine echte, differenzierte Entwicklung von Sprachkenntnissen ermöglicht, orientiert an den individuellen Bedürfnissen und Schwierigkeiten der einzelnen Lerner". (Carstens 2005, S. 12)

Methodisch tritt an die Stelle des Phasenmodells ein komplex strukturierter aufgabenorientierter Ansatz mit einer Binnenstruktur, die die Lerneraktivitäten in eine *pre-task, during task* und *post task* (Skehan 1998, Willis 1996) aufteilt.

Unterscheidung von Lernaufgaben und Übungen

Die Infragestellung eines traditionellen, input-gesteuerten Unterrichts durch die Philosophie der Output-Orientierung gibt Anlass zu überlegen, wie das veränderte Konzept der Aufgabenorientierung seinen Niederschlag bei der Textarbeit finden kann.

Übungen und Aufgaben waren schon immer Bestandteil des Lehr- und Lernprozesses, wie ein Blick in die gängigen Lehr- und Übungsbücher zeigt. Allerdings legen die neueren didaktischen Erkenntnisse nahe, die Formate und die Funktion von Übungen und Lernaufgaben. Dies soll an einem konkreten Beispiel geschehen.

Neuf Français sur dix sont « intéressés »

ROULER PROPRE : une écrasante majorité de Français (94 %) plébiscite aujourd'hui cette alternative. Selon le sondage, réalisé par l'institut LH2 pour la Maaf, et que nous dévoilons aujourd'hui, 64 % des personnes interrogées se disent « très » intéressées par le fait d'avoir une automobile qui ne pollue pas, 30 % « assez ». Ils souhaitent aussi que l'Etat incite la population à circuler avec ce type de véhicule en favorisant d'abord l'innovation industrielle en la matière (46 %). 36 % voudraient surtout que des mesures soient prises pour aider les consommateurs à acheter. Les hommes (61,7 %) misent plus sur un véhicule économique, les femmes préférant, elles, le côté « écolo » (61,2 %). Pour toutes les catégories socioprofessionnelles et tous les âges — de 18 à plus de 65 ans —, ces préoccupations sont les deux premières, largement devant la sécurité (29 %), le confort (17,6 %) et même la vitesse ! Seuls 3,7 % rêvent à un véhicule plus rapide. Les Franciliens apparaissent bien moins sensibles aux problématiques de consommation d'essence (51 %) que les habitants de l'ensemble des autres régions. **L.L.F.**

■ Sondage réalisé par l'institut LH2 pour la Maaf les 15 et 16 septembre 2006 auprès d'un échantillon national de 1 062 personnes représentatives de la population âgée de plus de 15 ans. Méthode des quotas.

Source: Le Parisien, 30.09.2006

Der Zeitungstext gibt verschiedene Ergebnisse einer Umfrage zum Themenbereich „Auto und Umwelt" wieder. Er zeichnet sich durch viele Prozentzahlen aus, ein Befund, der es notwendig machen kann, vor der Arbeit an dem Text selbst den Wortschatz und schwerpunktmäßig den Umgang mit Prozentzahlen zu üben. Dazu kann ich von einer beliebigen Situation ausgehen und zum Beispiel spontan eine Umfrage in der Klasse durchführen zum Thema: „Wieviel Prozent der Schüler haben einen eigenen Fernseher?"

Übungen dienen der gezielten Verfügbarmachung neu eingeführter Strukturen in allen Bereichen, die mit dem sprachlichen Handeln verbunden sind. Dazu gehören die Aussprache und die Verwendung von Lexik und Grammatik. Übungen, seien sie nun mündlich (Ausspracheübungen) oder schriftlich (Wortschatz- und Grammatikübungen) zu bearbeiten, zeichnen sich dadurch aus, dass die Strukturen isoliert werden und es dem Lerner so ermöglicht wird, seine Konzentration auf die formalen Merkmale zu lenken, die entweder neu sind oder vergessen wurden. Ziel der Übungen ist es, dass jeder Schüler „vingt-trois virgule sept pour cent" etc. korrekt lesen und sprechen kann.

Die Inhaltsdimension tritt in dieser Übungsphase zurück. Weitere Übungsbeispiele zur Frage, wie hoch der Prozentanteil der Handy-Besitzer in der Klasse ist oder wie häufig die Schüler ihr Handy benutzen, können sich anschließen.

Übungsanlässe werden aus dem Text abgeleitet. Bei der Auswahl der Übungen kommt es also erstens darauf an zu prüfen, ob die Fokussierung der neuen Struktur geleistet wird. Dies betrifft im Fall des Ausgangstextes den Umgang mit den Prozentergebnissen einer Umfrage. Zweitens sollte die Arbeitsanweisung, die mit der Übung verbunden ist, daraufhin geprüft werden, ob sie verständlich ist oder ob zusätzliche ergänzende Hinweise notwendig sind. Schließlich sollte darüber nachgedacht werden, welche Sozialform bei der Bearbeitung die günstigste ist. Bei dem obigen Beispiel bietet sich aus (zeit)ökonomischen Gründen eine Partnerarbeit an.

Übungen bereiten den Einsatz von Lernaufgaben vor. Letztere können in zwei Typen unterschieden werden.

Typ 1 einer Lernaufgabe zeichnet sich dadurch aus, dass er dem Schüler ermöglicht, eine neue sprachliche Struktur in einem sinnvoll gewählten kontextuellen Rahmen anzuwenden. Die formale Anwendung der Struktur steht bei diesem Aufgabentyp im Vordergrund. Dagegen spielt die Berücksichtigung des situativen Kontextes eine sekundäre Rolle. Hier ein Beispiel.

Es handelt sich ebenfalls um einen Text, der statistische Ergebnisse verzeichnet. Die vorgeschlagene Übung zu dem vorherigen Text kann auch bei diesem Beispiel zum Einsatz kommen. Das Lesen und Kommentieren der Zahlen („Quel est pour vous le résultat le plus étonnant?") machen vertraut mit dem Umgang mit statistischen Ergebnissen und sichern die korrekte Aussprache.

Während dieser Lernaufgabentyp 1 die Form fokussiert und die Aktivität der Lerner durch den Lehrer gelenkt wird, erfolgt beim Lernaufgabentyp 2 eine

Education

13,10 % des jeunes professeurs des écoles de l'académie de Créteil sont issus de l'immigration en 2006, un chiffre en hausse constante depuis 2003 (11,53 %), selon l'étude annuelle réalisée par le directeur adjoint de l'IUFM de Créteil, Jean-Louis Auduc. « Pour la première fois depuis quatre ans, une dizaine de jeunes dont les parents ont immigré d'Afrique noire apparaissent dans les statistiques », assure le responsable dans son étude. 153 jeunes professeurs des écoles étaient issus de l'immigration à la rentrée 2003, 191 en 2004, 183 en 2005 et 239 en 2006, soit près de 1 sur 7, dont 80 % de filles.

Source: Le Parisien, 30.09.2006

inhaltlich, situative Einbettung und eine Hinführung zu einer autonomen Aufgabenaktivität, indem dem Schüler Situationen angeboten werden, die ihm die Möglichkeit geben, in freier Form sprachlich zu agieren. Die Lernaufgabe vom Typ 2

- gibt einen Anlass zur kooperativen und rational begründeten Entscheidungfindung,
- ist verbunden mit einer Aufforderung zu realen kommunikativen Aktivitäten,
- fordert in ihrer Bearbeitung den Einsatz unterschiedlicher Kompetenzen und
- verbindet prozessorientierte Arbeit mit dem Ziel einer Produkterstellung und -präsentation.

Diese Merkmale von Aufgaben vom Typ 2 sollen an dem bereits bekannten Text (Document 4) veranschaulicht werden, der eine Umfrage zur ökologischen Automobilnutzung aufgreift.

Folgende methodische Struktur ist denkbar. Der Text wird gelesen und die Ergebnisse werden in der Lernergruppe diskutiert. Im nächsten Schritt wird dann ein Aufgabenrepertoire angeboten, das den Schülern die Möglichkeit eröffnet, den Schritt von der Unterrichtswirklichkeit im Klassenraum in die sie umgebende Wirklichkeit zu tun. Dazu können folgende Aufgaben vom Typ 2 angeboten werden:

- Préparez un sondage pour les habitants de la ville de …
- Choisissez un sujet écologique.
- Discutez les questions à poser.
- Préparez les résultats du sondage en vue d'une présentation (Power Point, affiche, article de journal, exposition dans une vitrine de l'école).

Der sprachliche und inhaltliche Transfer sowie die Motivierung zu einer freien Sprachproduktion, die die eigene Erfahrung und Wirklichkeit inhaltlich dokumentiert, stehen im Vordergrund. Das Angebot, die Umfrageergebnisse zu vergleichen, kann zugleich zu einer interkulturellen Sensibilisierung führen.

Wenn man sich diese Optionen für Aufgaben zur Textbearbeitung bewusst macht, wird einerseits die Chance deutlich, die sich aus der Diskussion zur Aufgabenorientierung für einen schülerorientierten und aktiven Französischunterricht ergibt. Wenn man die nachfolgende Skalierung der Teilkompetenz „Texte verarbeiten" des GeR hinzunimmt, dann wird allerdings auch klar, dass diesem Dokument eine sehr begrenzte Sicht der Handlungsoptionen zugrunde liegt, die bei der Arbeit an Texten möglich und sinnvoll ist. Eine Orientierung an diesen Deskriptoren für unterrichtliches Handeln birgt die Gefahr, dass die Schüler durch standardisierte Arbeitsformen („Zusammenfassung", „Fragen zum Text") demotiviert werden.

	Texte verarbeiten
C2	Kann Informationen aus verschiedenen Quellen zusammenfassen und die Argumente und berichteten Sachverhalte so wiedergeben, dass insgesamt eine kohärente Darstellung entsteht.
C1	Kann lange, anspruchsvolle Texte zusammenfassen.
B2	Kann ein breites Spektrum von Sachtexten und fiktiven Texten zusammenfassen und dabei die Hauptthemen und unterschiedliche Standpunkte kommentieren und diskutieren. Kann Auszüge aus Nachrichten, Interviews oder Reportagen, welche Stellungnahmen, Erörterungen und Diskussionen enthalten, zusammenfassen. Kann die Handlung und die Abfolge der Ereignisse in einem Film oder Theaterstück zusammenfassen.
B1	Kann kurze Informationen aus mehreren Quellen zusammenführen und für jemand anderen zusammenfassen.
	Kann kurze Textpassagen auf einfache Weise zusammenfassen, indem er/sie dabei den Wortlaut und die Anordnung des Originals benutzt.
A2	Kann im Rahmen seiner/ihrer Erfahrungen und begrenzten Kompetenz aus einem kurzen Text Schlüsselwörter, Wendungen und kurze Sätze heraussuchen und wiedergeben.
	Kann kurze Texte in Druckschrift oder klarer Handschrift abschreiben.
A1	Kann einzelne Wörter und kurze Texte, die in gedruckter Form vorliegen, abschreiben.

Zusammenfassung

Die Diskussion zur Aufgabenorientierung im Unterricht ist wichtig, gerade auch für die Beantwortung der Frage nach den methodischen Möglichkeiten und Grenzen dieses Ansatzes bei der Textarbeit. Es bleibt allerdings zu klären, welche Form und welchen Umfang die vorbereitenden Übungen haben sollten und in welcher Weise einzelne Aufgaben im Sinne einer Progression miteinander verknüpft werden können. Auch der Gesichtspunkt der individuellen Ergebnissicherung ist zu berücksichtigen. Und schließlich stellt sich ganz allgemein die Frage, ob ein dominantes aufgabenorientiertes Vorgehen nicht die Kluft vergrößert zwischen guten Lernern, die davon profitieren, und schwachen Lernern, denen eher ein instruktivistisches Vorgehen helfen würde. Aber die Chance zu einem binnendifferenzierenden Ansatz sowie die Betonung eines autonomen und handlungsorientierten Lernens werden durch eine intelligente Aufgabenorientierung auch bei der Textarbeit gefördert.

Aufgabenorientierung im Unterricht bedeutet für den Lehrer, den Schülern Raum zur Aufgabenbearbeitung geben. Damit verbunden sind aber auch eine höhere Investition in die Vorbereitung der Aufgaben und eine veränderte Rolle im Unterricht selbst.

REPRÄSENTATIONEN UND DIDAKTISCHES POTENZIAL VON TEXTEN

2 Erläuterung des Analyserasters

Im Anschluss an die didaktischen Überlegungen sollen nun am Beispiel unterschiedlicher Texte methodische Anregungen für die Textarbeit gegeben werden. Dieser zweite Teil weist folgende inhaltliche und formale Struktur auf.

Zuerst wird die Bedeutung der jeweiligen Textsorte für den Lehr- und Lernprozess im Französischunterricht erläutert, zu der der Beispieltext zu rechnen ist. Die Anmerkungen haben wesentlich die Aufgabe zu zeigen, aus welchem Grund und mit welcher didaktischen Perspektive eine Textsorte ihren Platz in einem Französischunterricht hat, der nicht ausschließlich kompetenzorientiert ist, sondern der auch einen Beitrag zu einem Bildungskonzept leistet, in dessen Mittelpunkt die Persönlichkeit des Lerners steht. Daran schließen sich eine Liste mit Besprechungsvokabular sowie Anleitungen zu spezifischen Lernstrategien für die jeweilige Textsorte an, die den Schülern bei der Textarbeit helfen können. Da die Ausführungen nur in allgemeiner und knapper Weise den Zusammenhang zwischen Textsorte und Französischunterricht ansprechen und keine umfassende didaktische Reflexion beabsichtigt ist, werden am Ende der Ausführungen einige bibliografische Hinweise gegeben, die Interessierten eine sowohl textspezifische als auch didaktische Vertiefung ermöglichen.

Im Anschluss an den Abdruck des jeweiligen Beispieltextes (und gegebenenfalls weiterer Texte) erfolgt seine didaktische Situierung. Sein Potenzial für einen Einsatz im Unterricht wird skizziert, und es werden methodische Vorschläge zur Stundengestaltung gemacht. Darüber hinaus gibt es Anregungen für Übungen sowie für Aufgaben vom Typ 1 und Typ 2.

Diese Ausführungen erfolgen auf der Grundlage eines Rasters, das für alle Texte zur Anwendung kommt und das folgende Struktur aufweist:

Analyseraster für die Textarbeit

Anforderungsniveau
Mit Bezugnahme auf die Niveaustufen A1–C2 des Gemeinsamen Europäischen Referenzrahmens wird eine Einschätzung des Schwierigkeitsgrades des Textes sowie der Aufgabenstellungen vorgenommen.

Didaktisches Potenzial des Textes
Die Überlegungen gelten der Frage, welche thematische Relevanz mit dem Text verbunden ist und welche Bearbeitungsperspektiven er eröffnen kann. Wir gehen davon aus, dass künftiger Französischunterricht nicht durch lineare Grammatik- und Wortschatzprogressionen struktuiert wird, sondern, dass es die Texte sind, die Auslöser für die Arbeit an Wortschatz und Grammatik sind.

- *Inhalt/Thema:* Die Thematik wird in ihrer Bedeutung für die Motivation des Lerners, für die Ausbildung der Kompetenzen sowie für die Persönlichkeitsbildung analysiert.
- *Sprache:* Die lexikalische und grammatische Struktur des Textes wird bewertet.
- *Kompetenzbereiche:* Das Potenzial des Textes für die Arbeit in den drei Kompetenzbereichen der Bildungsstandards und für die Persönlichkeitsbildung wird knapp beschrieben.

Voraussetzungen auf Lernerseite
Die Auswahl eines Textes erfolgt immer auch mit Blick auf eine Lernergruppe. Welche Voraussetzungen müssen auf der Seite der Lernergruppe gegeben sein, damit die Bearbeitung des Textes motiviert zu einem nachhaltigen Lernen?

- *Lexik:* Es werden Hinweise zu den Voraussetzungen im Bereich des Wortschatzes gegeben.
- *Grammatik:* Es erfolgen Hinweise zu den Voraussetzungen im Bereich der Grammatik.
- *Lernstrategien/Analysetechniken:* Über welche Textbearbeitungstechniken müssen die Lerner verfügen, um den Text erfolgreich bearbeiten zu können?

Zielbeschreibung der Textarbeit
Überlegungen werden angestellt, mit welcher Zielsetzung der Text bearbeitet werden soll/kann.

Methodische Anregungen

- *Einstieg:* Der Einstieg in ein Thema ist stets eine Herausforderung für die Unterrichtenden und hat entscheidende Bedeutung für den Stundenverlauf. Deshalb werden dafür Anregungen gegeben.
- *Hinweise zum Ablauf:* Es werden Vorschläge für eine kompetenzorientierte und motivierende Unterrichtsgestaltung gegeben.
- *Sozialform:* Die Wahl der Sozialform in einer Unterrichtsstunde setzt entscheidende Akzente, um Handlungs- und Lernerorientierung zu realisieren.

Übungsvorschläge
Die Übungsvorschläge stehen in einem engen Zusammenhang mit der Textvorlage und zielen ab auf die formale Sicherheit in der Anwendung bestimmter sprachlicher Strukturen.

Aufgabenideen Typ 1
Diese Aufgaben bieten den Schülern die Möglichkeit zur kontextuellen Verwendung neuer sprachlicher Strukturen.

Aufgabenideen Typ 2
Die Aufgabenvorschläge zielen darauf ab, die Schüler zu einer selbständig organisierten Themenbearbeitung und -präsentation anzuregen. Während der Aufgabenbearbeitung werden die unterschiedlichen sprachlichen Fertigkeitsbereiche zusammengeführt. Die Aufgabenvorschläge können zugleich Ausgangspunkt für eine Leistungsfeststellung sein.

Die Ausführungen zu den einzelnen Rubriken haben den Charakter von Anregungen, die der Leser im Hinblick auf *seine* Lernergruppe präzisieren und gegebenenfalls modifizieren sollte.

Die Textauswahl ist zugegebenermaßen subjektiv. Sie spiegelt das Interesse an einem Französischunterricht wider, der die Schüler nicht nur oberflächlich beschäftigt, sondern einem Lernkonzept verpflichtet ist, das den Lerner in seiner Lernerwartung ernst nimmt und das Lernen als einen abwechslungsreichen, nachhaltigen und interaktiven Prozess versteht.

Die Textbeispiele sowie die Aufgabenvorschläge beziehen sich auf unterschiedliche Niveaustufen.

3 Le texte didactisé du manuel

3.1 Der Lehrbuchtext im Französischunterricht

Bis in die Gegenwart sind Generationen von Schülern in ihren ersten Lernjahren durch Lehrbuchtexte mit der französischen Sprache und dem Zielsprachenland vertraut gemacht worden. Noch ist nicht absehbar, dass gedruckte Lehrbücher in Zukunft durch elektronische Medien ersetzt werden, und so scheint es sinnvoll zu sein, sich zuerst dieser wichtigen Textsorte, dem Lehrbuchtext, zuzuwenden. Lehrwerktexte zeichnen sich formal und inhaltlich durch besondere Merkmale aus.

Formal handelt es sich überwiegend um semi-authentische Texte. Zwar werden sie in der Regel von Muttersprachlern geschrieben und können somit Authentizität beanspruchen, die aber dadurch eingeschränkt wird, dass bei ihrer Konzeption bestimmten didaktischen Vorgaben zum Handlungsrahmen, zur Lexik sowie zu den grammatischen Strukturen Rechnung getragen wurde. Das Ergebnis sind didaktisierte Texte, deren Struktur eine inhärente, vorwiegend grammatische Progression von einer Lektion zur anderen aufweist. Auch inhaltlich wird mit Rücksicht auf das Alter der Lerner sowie ihren Sprachstand die Komplexität der Sachverhalte reduziert. Beide Dimensionen der Didaktisierung haben zu kritischen Ausführungen und Analysen aus fachdidaktischer Perspektive geführt. (Fäcke 2005, Caspari 2005, Leupold 2006)

Allerdings hat der Unterrichtende gerade in der lehrwerkgebundenen Sprachvermittlung heute noch eine besondere Rolle, um den Verstehensprozess zu lenken und immer dann, wenn es nötig sein sollte, ergänzende sprachliche oder landeskundliche Informationen zu geben. Der traditionelle Lehrbuchtext ist eine Textsorte, die in enger Verbindung mit einem instruktivistischen Methodenansatz steht.

Aufgrund dieser Bestimmung bedarf es keiner besonderen Leseverstehensstrategien, um das Textverstehen zu sichern, da ein individuelles, autonomes

Erschließen des Textes in der Regel nicht gefordert wird. Das Problem ist aber, dass die lehrergesteuerte Vermittlung von Lexik und Grammatik auf der Grundlage der Lektionstexte mit ihrer häufig „platten, pragmatischen Alltagssprache" (Weller 2003, S. 411) mit der Zeit zu monoton wird und die Schüler demotiviert. Deshalb sind methodische Überlegungen notwendig, um die wichtige Phase der Arbeit an den Lehrbuchtexten zu einem motivierenden und lernintensiven Prozess zu machen.

Bibliografische Hinweise

Französisch heute 2 (2005). Themenheft „ Lehrwerke: Qualitätssicherung, Praxis und Markt"

Textdokument: Le texte didactisé du manuel [11]

2 Vacances en Provence

❶ **Catherine a passé ses dernières vacances en Provence avec son copain. Ecoutez et retrouvez les lieux et les personnages de la page 67 cités dans l'interview. Vérifiez dans le texte.**

■ Interviewer ● Catherine

■ Catherine, connaissez-vous la Provence?
● Oui, je suis allée en Provence l'année dernière avec mon copain. Nous sommes partis début juin.
■ Pourquoi en juin?
● C'est le mois idéal pour aller dans le Midi. Il ne fait pas trop chaud. Et puis les champs de lavande sont en fleurs. Le paysage est vraiment magnifique! Vous savez, ces couleurs qui ont inspiré Cézanne, Van Gogh ...
■ Alors, qu'est-ce que vous avez visité?
● Surtout les petites villes et les vieux villages: Oppède-le-Vieux, Roussillon. Ce sont des villages charmants! Nous sommes aussi allés à Manosque, la ville de Jean Giono. Et puis, nous avons visité Avignon, le Palais des Papes. Nous avons vu le pont d'Avignon bien sûr!
■ Vous n'êtes pas allés sur la côte?
● Non, avec mon copain, on préfère l'arrière-pays parce que c'est plus calme: il n'y a pas trop de touristes! On adore marcher: on a fait des randonnées superbes dans le Lubéron.
■ Qu'est-ce que vous avez préféré?
● Les marchés! Parce que c'est vivant! Les odeurs, les couleurs ... Et puis les gens sont tellement sympas!
■ Quel type d'hébergement avez-vous choisi?
● Nous avons loué un gîte rural près de Manosque. Nous sommes restés là une semaine. Après, on a fait du camping.
■ Et pour l'année prochaine, quels sont vos projets?
● On retourne en Provence, mais alors en juillet/août! C'est la période des festivals. Je voudrais aller au festival de musique d'Aix-en-Provence. Vous savez, pour moi la Provence, c'est surtout l'art, l'aspect culturel.

aus: Facettes 1, © Hueber Verlag 1998

Didaktisch-methodische Überlegungen

Beispiel: *Vacances en Provence*

Schwierigkeitsgrad	A2

Didaktisches Potenzial des Textes

- Inhalt/Thema
  Der Text weist mit dem Bezug auf die Provence thematisch einen landeskundlichen Schwerpunkt auf. Neben allgemeinen Informationen (Klima, Wandermöglichkeiten) finden Städte und kulturelle Gegebenheiten Erwähnung.
- Sprache
  Es ist ein Text, der in Bezug auf die Sprachstrukturen für Französischlerner konzipiert ist. Die Sprachstrukturen orientieren sich trotz des dialogischen Charakters eher am *code écrit* als am *code oral*. Dies beeinträchtigt die sprachliche Authentizität.
- Kompetenzbereiche
  Der Dialogtext eignet sich zur Entwicklung der sprachlichen Teilkompetenzen (vor allem des Sprechens) sowie zur Vertiefung landeskundlich-interkulturellen Lernens. Dem Anliegen, die methodischen Kompetenzen auszubilden, kann mit der Erarbeitung eines themenspezifischen Wortschatzes bzw. eines Wörternetzes zum Thema „La Provence" Rechnung getragen werden.

Voraussetzungen auf Lernerseite

- Lexik
  Vorausgesetzt wird das Vokabular der vorhergehenden Lektionen. Diese Strukturen müssen sicher beherrscht werden, denn es gibt viele neue lexikalische Strukturen (fast 40 Vokabeln) in der Lektion.
- Grammatik
  Das *passé composé* mit *être* ist bekannt. In dieser Lektion folgen Formen des *passé composé* mit *avoir*. Außerdem werden die *adjectifs possessifs* eingeführt. Die dialogische Struktur des Textes zeigt, dass die typischen Fragekonstruktionen als bekannt vorausgesetzt werden. Neu sind Fragesätze mit den Formen von *quel*.
- Lernstrategien/Analysetechniken
  Es kann geübt werden, bislang unbekannte grammatische Formen in ihrem Kontext herauszufinden sowie mit Wörternetzen zu arbeiten.

Ziele der Textarbeit

- Verwendung der neuen Vokabeln
- Erster Umgang mit den neuen grammatischen Strukturen
- Interesse für eine Region Frankreichs wecken

Methodische Anregungen

- Einstieg
  Es bietet sich an – je nach dem Alter der Lerngruppe –, ausgehend von einer Frankreichkarte oder einem regionaltypischen Produkt, zum Beispiel Lavendelsträußchen oder Oliven, thematisch hinzuführen und so das Interesse der Lerner zu wecken.
- Hinweise zum Ablauf
  Die Textarbeit sollte der Ausbildung aktiven Sprechens gewidmet sein.
  Ein Verfahren, das eigenaktives Lesen und Wortererkennen favorisiert, ist möglich und motivierender als die traditionelle Vokabeleinführung.
- Sozialform
  Zu Beginn der Stunde Lehrer-Schüler-Gespräch. Anschließend Stillarbeit bei individueller Texterschließung, gefolgt von der Auswertungsphase im Lehrer-Schüler-Gespräch. Für das Nachspielen von sprachlichen Sequenzen einer Begegnung kann Partnerarbeit günstig sein.

Übungsvorschläge

- Traditionelle Umformungsübungen zum Üben der Formen des *passé composé*
- Partnerübung zum Einüben der *adjectifs possessifs* („C'est ton cahier? Non, c'est mon cahier.")
- Partnerübung zur Einübung der Formen von *quel*

Aufgabenideen Typ 1

- Schriftliche Fragen formulieren mit einer Form von *quel*, die sich auf die Provence allgemein beziehen.
- Schriftliche Fragen zu französischen Malern nach folgendem Muster formulieren:
- *Quand est-ce que ...*
- *Qui a peint ...*
- *Quel est le peintre qui a fait le tableau ...*

Aufgabenideen Typ 2

- Wir bereiten eine Tour durch die Provence vor und suchen Informationen im Internet. Präsentation (teilweise in deutscher Sprache) eines vorbereiteten Plakats.
- Wir suchen alle Informationen zu Jean Giono und schreiben einen biografischen Steckbrief.
- Wir erkundigen uns im Reisebüro über die Möglichkeiten einer Fahrt in die Provence und stellen die Angebote mündlich vor.
- Wir fragen in der örtlichen Buchhandlung, ob die Klasse ein Schaufenster zum Thema „La Provence" gestalten kann.

4 Textes non littéraires

4.1 Le fait divers

Le fait divers im Französischunterricht

Kurze journalistische Texte, die einem aktuellen, meistens unpolitischen Ereignis des Alltags gewidmet sind, finden sich in allen Tageszeitungen unter der Rubrik *Faits divers*. Es sind authentische Texte mit hoher Informationsdichte, die wegen bestimmter stilistischer Merkmale einen geringen Textumfang haben. Die Verwendung von Ellipsen, eine hohe Anzahl von Partizipialformen und Pronomen sowie die Vermeidung von Wiederholungen sind die strukturellen Merkmale dieser Textsorte.

Ihr didaktisches Potenzial ist groß. Ihr geringer Textumfang sowie ein schon in der Überschrift angekündigter ausgefallener, manchmal witziger Inhalt ermutigen die Schüler zur spontanen Lektüre. Die Lexik beschränkt sich meistens auf frequente Strukturen. Die Textsorte eignet sich gut als Ausgangspunkt für weitere mündliche Diskussions- oder Schreibaufgaben zur Einübung von Argumentationsstrukturen.

Die Texte können auch interkulturell vergleichende Betrachtungen auslösen. Die Umformung eines *fait divers* in einen längeren Zeitungsartikel stellt einen bewussten Gegensatz zu dem alle sprachlichen Fächer verbindenden Verfahren der Textzusammenfassung dar und hat den Vorteil, dass die Lerner mit Techniken der sprachlichen Textexpansion vertraut gemacht werden können (s. Kasten).

Das nachfolgende Beispiel einer Nachricht von einem Fahrstuhlunglück in der Form eines *fait divers* und in Form eines Zeitungsartikels kann Ausgangspunkt sein für einen Textvergleich mit dem Ziel, die formalen, inhaltlichen und sprachlichen Unterschiede beider Texte bewusst zu machen.[12] Eine mögliche Aufgabe für die Lerner könnte lauten:

Comparez les deux textes et relevez des différences au niveau de la forme et du contenu.

Accident

Un ascenseur a fait une chute de six étages, blessant un technicien qui y effectuait des travaux, hier dans un immeuble HLM du XIXe arrondissement de Paris. L'accident est survenu au 2, rue de la Solidarité, dans un bâtiment géré par l'office public d'aménagement et de construction (Opac).

Source: Le Parisien, 30.09.2006

Un réparateur d'ascenseur fait une chute de six étages

UN RÉPARATEUR d'ascenseur se trouvait hier soir dans un état critique à l'hôpital Henri-Mondor de Créteil. Peu après midi, l'employé de la société Jobkat a fait une chute de six étages lors d'une intervention au 2, rue de la Solidarité, dans le quartier Danube (XIXe).

Ce technicien de 25 ans était en train de monter du matériel dans la cabine d'ascenseur quand le câble de suspension a lâché. « Malheureusement le parachute *(NDLR : le système de rétention)* ne s'est pas ouvert », explique l'Opac, le bailleur social qui gère cet ensemble d'immeubles.

L'autre employé de la société, qui se trouvait avec son collègue au 6e étage au moment de l'accident, a alors dévalé les six étages avant de sortir le blessé de la cabine et de prévenir les secours. La victime, consciente à l'arrivée des pompiers, souffrirait d'une fracture ouverte à la main gauche et de multiples douleurs sur l'ensemble du corps.

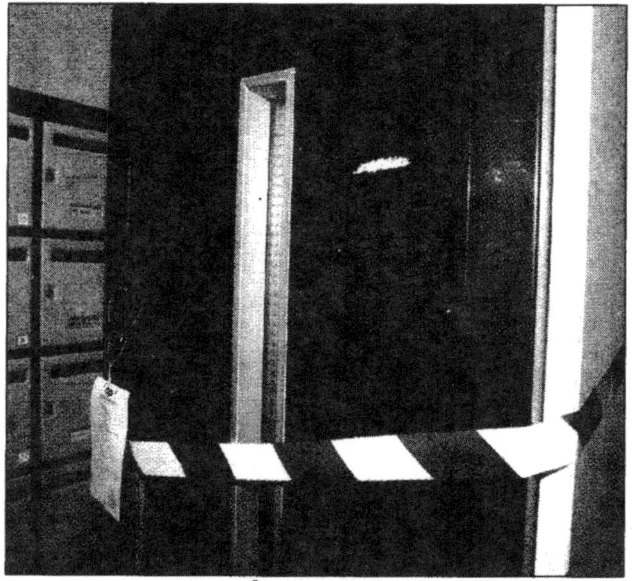

2, RUE DE LA SOLIDARITÉ (XIXe), HIER. *Le câble de suspension de cet ascenseur a lâché.* (LP/SEBASTIEN BOSSI.)

« Le moteur avait été changé il y a deux ans »

Cette cabine, à l'arrêt depuis le 26 septembre, devait faire l'objet de travaux de modernisation comme l'ensemble des 20 ascenseurs de ce groupe HLM. « Des travaux de remise à niveau de l'habillage et de l'armoire de manœuvre étaient en cours. Mais le moteur de l'ascenseur concerné avait été changé il y a deux ans », précise l'Opac.

Dans la cité Alsace-Lorraine, les habitants ne se montrent guère surpris. « Ces ascenseurs tombent tout le temps en panne, explique ce locataire. L'année dernière, l'un d'entre eux est resté neuf mois sans fonctionner. Les portes grincent, ça vibre dans tous les sens, on ne sait jamais si on va arriver à l'étage souhaité. »

F.G.

Source: Le Parisien, 30.09.2006

Diese Gegenüberstellung kann eine Analysearbeit anregen, die neben die den Schülern bekannte Form der Textzusammenfassung (le résumé) die Textausweitung (l'expansion) stellt. Die Zusammenstellung der Techniken, die für eine erfolgreiche Expansion anzuwenden sind, ist Teil einer Arbeit im Bereich der Ausbildung der Methodischen Kompetenzen.

Lerntechniken „Textexpansion"

- Ecris une introduction.
- Choisis ton point de vue: Subjectivité ou objectivité.
- Décris en détail le lieu de l'accident.
- Précise les verbes par des adverbes ou des expressions introduites par «d'une manière + adj.»
- Développe les expansions des noms: adjectifs, propositions relatives.
- Fais des comparaisons introduites par: comme, semblable à.
- Propose des conséquences.

Zahlreiche offene, kreative Formen der Textarbeit mit den *faits divers* sind denkbar. Sie reichen vom Schreiben eines Leserbriefs bis hin zum Verfassen von Augenzeugenberichten oder zum Schreiben eines *fait divers* über selbst Erlebtes.

Als authentische Textdokumente können die *faits divers* auch einen guten Ausgangspunkt für eine grammatische Textanalyse (Verwendung der *pronoms*, des *participe présent*) nach dem Verfahren des entdeckendes Lernens bilden.

Den zahlreichen Möglichkeiten einer abwechslungsreichen und motivierenden Arbeit mit dieser Textsorte im Unterricht stehen kaum Nachteile gegenüber. Wie andere Texte auch sind sie wohl dosiert einzusetzen, und ihre thematische Auswahl sollte den Interessen der Lerner Rechnung tragen.

Bibliografische Hinweise

Dubied, Annick / Marc Lits (1999), *Le fait divers.* Paris: Coll. Que sais-je.
Evrard, Franck (2005), *Fait divers et littérature.* Paris: Nathan.

Textdokumente: Fait divers[13]

▶ PACA

Permis moins cher

Une aide de 250 € pour tous les jeunes de 16 à 25 ans qui veulent passer leur permis de conduire, c'est ce que vient de mettre en application le conseil général des Alpes-Maritimes dans le cadre de vingt mesures d'un plan Jeunes Avenir 06. Intitulée Liberté 06, cette mesure départementale vise à faire diminuer le nombre des conducteurs roulant sans permis.

▶ CORSE

Les têtes vont rouler

A partir du 1er janvier 2007, les automobilistes dont les voitures sont immatriculées en Corse auront la possibilité d'arborer sur leur plaque minéralogique l'emblème à tête de Maure. Ainsi en ont décidé les élus de l'Assemblée territoriale à l'issue d'un vote unanime. Cette disposition est prévue par la loi réformant le système d'immatriculation des véhicules.

▶ FRANCHE-COMTE

Monument aux Africains

Champagney (Haute-Saône), comme chaque année, a rendu hommage aux anciens combattants ayant assuré sa libération. Le monument communal a une particularité : il est le seul en France à être consacré aux soldats d'Afrique. La commémoration a pris toute sa valeur après la sortie récente du film « Indigènes ». Des anciens combattants ont rappelé l'importance du sacrifice de ces troupes africaines dans l'est de la France.

Education

13,10 % des jeunes professeurs des écoles de l'académie de Créteil sont issus de l'immigration en 2006, un chiffre en hausse constante depuis 2003 (11,53 %), selon l'étude annuelle réalisée par le directeur adjoint de l'IUFM de Créteil, Jean-Louis Auduc. « Pour la première fois depuis quatre ans, une dizaine de jeunes dont les parents ont immigré d'Afrique noire apparaissent dans les statistiques », assure le responsable dans son étude. 153 jeunes professeurs des écoles étaient issus de l'immigration à la rentrée 2003, 191 en 2004, 183 en 2005 et 239 en 2006, soit près de 1 sur 7, dont 80 % de filles.

Source: Le Parisien, 02.10.2006 et 05.10.2006

Didaktisch-methodische Überlegungen

Beispiel: *Faits divers*

Schwierigkeitsgrad	A2+/B1

Didaktisches Potenzial des Textes

- Inhalt/Thema
  Die vier authentischen Texte dokumentieren jeweils ein aktuelles Thema aus dem Zielsprachenland. Die Ereignisse sind mehr oder weniger bedeutsam, aber sie geben in spezifischer Weise einen Einblick in die Zielkultur.
  Das Thema einer staatlichen finanziellen Hilfe für Jugendliche, um den Führerschein zu erwerben (Beispiel 1), wird die jugendlichen Lerner der betroffenen Altersstufe interessieren. Der Text über Korsika (Beispiel 2) kann neugierig machen, was es mit dem Maurenkopf auf sich hat. Und die Statistik zu den Lehrern (Beispiel 3) wirft die Frage auf, warum in Frankreich solche Zahlen überhaupt auf Interesse stoßen. Der vierte Text, eine Information zu einem Denkmal für afrikanische Soldaten, kann Anlass sein, die historische Dimension des Verhältnisses zwischen Frankreich und Afrika im Unterricht zu behandeln.
- Sprache
  Es handelt sich um informative, kurze Texte, die aber nicht didaktisiert sind. Schüler können ihr Globalverstehen üben.
- Kompetenzbereiche
  Bei den sprachlichen Fertigkeiten steht die Ausbildung eines globalen Leseverstehens im Vordergrund. Alle Texte weisen aber Themen auf, die einen Beitrag leisten zum Verstehen der landeskundlichen Realität. Sie können als Ausgangspunkt und Anlass für Aktivitäten eingesetzt werden, die zu sprachlichem Lernen, interkulturellem Lernen und einer Erweiterung der Methodenkompetenz führen.

Voraussetzungen auf Lernerseite

- Lexik
  Da die Texte im Vokabular nicht immer ganz einfach sind, sollten die Schüler, wenn sie über das Globalverstehen hinausgehen wollen, bei der Bearbeitung der Texte über ein Wörterbuch verfügen können.
- Grammatik
  Das Verstehen von Partizipialkonstruktionen, Sicherheit im Umgang mit Zahlen sowie Kenntnisse der grundlegenden Tempora sind gefordert.
- Lernstrategien/Analysetechniken
  Die Schüler können lernen, einen unbekannten Sachverhalt zügig lesend zu verstehen und die Information mit Elementen ihres Wissens zu verknüpfen.
- Ziele der Textarbeit
  – Sicherheit im Leseverstehen der zentralen Information gewinnen

- Einblick in zielkulturelle Ereignisse erwerben
- Interesse an Informationen aus Frankreich und Bereitschaft zur vergleichenden
  Stellungnahme wecken

Methodische Anregungen

- Einstieg
  Als Einstieg kann eine beliebige kurze Zeitungsmeldung (auch aus dem Erfahrungsbereich der Schüler) gewählt werden, um auf die Textsorte „Fait divers" und ihre Bedeutung zu sprechen zu kommen.
- Hinweise zum Ablauf
  Die Texte werden vom Lehrer knapp mündlich mit einem Stichwort vorgestellt, und jeder Schüler hat die Möglichkeit, einen Text für die weitere Bearbeitung zu wählen. Partnerarbeit bietet sich an.
- Sozialform
  Zu Beginn der Stunde Lehrer-Schüler-Gespräch. Wechsel dann zur Partnerarbeit, gefolgt von der Auswertungsphase im Lehrer-Schüler-Gespräch. Anschließend wird in themenspezifischen Arbeitsgruppen gearbeitet.

Übungsvorschläge

Ecris un fait divers à partir des mots suivants:

- ballon de foot, piéton, hôpital
- école, fenêtre, ordinateur
- serpent, guitare, accident

Aufgabenideen Typ 1 (je nach Ausgangstext)

Permis:

- Fais une liste des arguments pour et contre une aide de l'Etat.

Education:

- Dessine un schéma qui illustre les faits statistiques.

Monument:

- L'article ne montre pas de photo du monument. A ton avis, quelle peut être la forme de ce monument pour honorer les soldats africains?

Corse:

- Quelle est ton opinion par rapport à cette décision?

Aufgabenideen Typ 2 (je nach Ausgangstext)

Permis:

- Renseigne-toi sur le nombre de jeunes qui ont le permis en France et en Allemagne.
- Fais une interview au commissariat de police de ta ville pour demander combien de conducteurs sont arrêtés sans permis par an.
- Résume les informations et donne ton opinion sur la mesure française dans le cadre d'une présentation (écrite ou orale).

Education:

Cherche des renseignements sur l'immigration en France et en Allemagne:

- Quelles sont les différences principales?
- Essaie d'obtenir des chiffres par rapport aux enseignants en Allemagne qui sont considérés comme immigrés.
- Résume les informations et donne ton opinion sur l'immigration dans le cadre d'une présentation (écrite ou orale).

Monument:

- Fais une recherche sur Internet pour comprendre à quel moment historique les Africains ont lutté pour la France. Présente les résultats de ta recherche oralement.
- Dans le fait divers, on mentionne le film «Indigènes». Essaie de trouver quelques informations sur ce film.
- Pourquoi le rapport entre l'Allemagne et les pays africains est-il différent par rapport à celui de la France? Demande à ton professeur d'histoire ou cherche sur Internet.

Corse:

- Compare les informations des plaques d'immatriculation en Allemagne et en France.
- Fais une recherche pour comprendre l'origine de l'emblème à tête de Maure.
- Prépare une présentation (Power Point, affiche) qui montre La Corse avec les sites, les grandes villes et son drapeau.

4.2 L'article de presse

Der Sachtext im Französischunterricht

Nicht nur, weil der Zugriff auf Texte aus Zeitungen und Zeitschriften, auf Flugblätter, Faltblätter und Prospekte unkomplizierter ist als auf literarische Texte, sondern auch, weil diese Textsorte eine große Themenvielfalt und unterschiedliche Schwierigkeitsgrade aufweist, finden Sachtexte im Französischunterricht häufig Verwendung. Auf die Problematik der Arbeit mit Kopien von Einzeltexten, insbesondere, wenn sie nicht thematisch verbunden sind, soll hier nicht weiter eingegangen werden.

Aber die Arbeit mit authentischen Sachtexten stellt eine wichtige Ausweitung des Textspektrums, insbesondere in der fortgeschrittenen Lehrwerkphase, dar. Neben der Inhaltsdimension, die einen Einblick in einen spezifischen sozialen, ökonomischen, politischen oder kulturellen Sachverhalt des Zielsprachenlandes ermöglicht, sind die formale Textstruktur sowie die Bereiche Lexik und Syntax Ansatzpunkte für diverse Aufgaben.

Das Erkennen einer Argumentationsstruktur mit den Elementen These–Argument–Beispiel kann ebenso geübt und auf die eigene Textproduktion übertragen werden wie der Einsatz sprachlicher Mittel zur Argumentationsverknüpfung (*car, donc, en outre, voilà pourquoi*) mit dem Ziel des Herstellens einer Textkohäsion.

Aufgaben, die das interkulturelle Lernen fördern, können immer dann gut mit der Textvorlage verbunden werden, wenn man davon ausgehen kann, dass der dem Zielsprachentext zugrunde liegende Sachverhalt den Schülern aus ihrem eigenen Erfahrungsbereich vertraut ist.

Vocabulaire spécifique: L'article de presse

l'article (m.)
le texte
le titre
le sous-titre
le paragraphe

l'introduction (f.)/la présentation
la description des causes
les conséquences/les effets
la proposition de résolution
la conclusion

l'argumentation (f.)
l'argument (m. fort, faible)
la thèse
la thèse adverse
l'exemple (m.)
la conclusion

les champs lexicaux
les mots-clés

Stratégies de lecture: L'article de presse

- Quelle est la source de l'article (une revue, un journal, un magazine)?
- Quelle est la date de parution du texte?
- Qui est le lecteur potentiel (un lecteur «naïf», un spécialiste, un jeune, un vieux ...)?
- Est-ce qu'il s'agit d'un sujet qui t'est familier?
  - Si oui, active tout ce que tu sais par rapport au sujet.
- Dégage la structure du texte et essaie de comprendre dans quel ordre les informations sont présentées.
  - Souligne les connecteurs.
  - Fais attention à la structuration en paragraphes.
- Quel est le style du texte?
  - informatif
  - provocateur
  - idéologique
  - admiratif
  - ...
- Quels mots/quelles phrases soulignent cet effet?
- Quels sont les mots-clés?
- Quelle est ton opinion sur le sujet?

Bibliografische Hinweise:

Adam, Jean-Michel (1990), *Eléments de linguistique textuelle. Théorie et pratique de l'analyse textuelle.* Liège: Mardaga.

Textdokument: Le téléphone portable[14]

s'équiper

L'OBJET DE LA SEMAINE

Élégance et légèreté

Pantech, une marque coréenne qui arrive tout juste en France, propose des téléphones racés et polyvalents, à l'instar de ce PG-3500.

Sur les pas de LG et de Samsung, la marque coréenne Pantech déboule en France avec un premier modèle sacrément séduisant. S'il n'est pas révolutionnaire du point de vue fonctionnel, le PG-3500 se singularise en effet par une très belle finition, pour un prix raisonnable : 319 € seul, 50 € environ dans un forfait. Esthétiquement, c'est une vraie réussite, avec son épaisseur de 1,6 cm seulement en position fermée – il possède un clapet –, ses contours arrondis et son revêtement mêlant plastique noir et métal brossé. Une fois ouvert, on découvre un bel écran de 262 114 couleurs, surmontant un pavé de navigation circulaire et un clavier aux touches plates d'une grande élégance. Sur les côtés se trouvent deux touches, l'une pour la capture d'images, l'autre pour le volume sonore. Car ce téléphone remplit aussi les fonctions d'appareil photo, avec capteur 1,3 mégapixel et flash intégré, et de baladeur audio. La fonction photo n'est pas un simple gadget : les clichés atteignent la résolution de 1024x768 pixels et l'utilisateur peut modifier de nombreux paramètres comme le zoom, la luminosité et la balance des blancs. Le lecteur audio, lui, est compatible avec les formats mp3, AAC et AAC+. Seul souci, comme la mémoire interne de 20 Mo limite le stockage des chansons, il faut obligatoirement la compléter par une carte mémoire micro SD (256 ou 512 Mo). Enfin, le PG-3500 se relie au PC par un simple câble USB, pour transférer des fichiers ou synchroniser son agenda.

Laurence Beauvais

PANTECH PG-3500

RÉSEAU : tri-bande (900 MHz, 1800 MHz et 1900 MHz) + GPRS Class 10

ÉCRANS : interne 262 144 couleurs + externe 65 536 couleurs

MÉMOIRE : 20 Mo + emplacement pour carte micro SD

PHOTO : 1,3 mégapixel, flash intégré, enregistrement vidéo

AUDIO : lecteur mp3, AAC, AAC+

CONNEXION SANS FIL : Bluetooth

SONNERIES : 20 sonneries polyphoniques 64 tons/mp3

AUTONOMIE : 3 h 30 en communication, 250 heures en veille

DIMENSIONS : 45 x 16,8 x 92,7 mm

POIDS : 75 g

PRIX : 319 €

Didaktisch-methodische Überlegungen

Beispiel: ***L'article de presse***

Schwierigkeitsgrad	B1

Didaktisches Potenzial des Textes

- Inhalt/Thema
  Das Handy gehört nicht nur zur Ausstattung der Schüler, sondern es ist auch – gerade wenn neue Modelle auf den Markt kommen – ein Gegenstand von großem Interesse. Von daher kann man davon ausgehen, dass die Schüler motiviert sein werden, sich mit dem Sachtext auseinander zu setzen.
- Sprache
  Es handelt sich um einen Text mit stark informativem Charakter, der sich an Kenner richtet. Die Einzelheiten werden durch die systematische Vorstellung der Merkmale des neuen Modells und die Nennung der Größen in Zahlen verständlich, auch wenn die Fachvokabel neu gelernt werden muss.
- Kompetenzbereiche
  Für den Bereich der funktionalen kommunikativen Kompetenzen liegt bei dem Text der Schwerpunkt auf der compréhension écrite. Der Text kann aber auch herangezogen werden, um eine kontrastive Analyse zum gesellschaftlichen Status des Handys sowie zum Umgang damit im Alltag oder in der Werbung in Deutschland und Frankreich anzuregen. Damit wird ein Beitrag zur Ausbildung des interkulturellen Bewusstseins und Wissens geleistet.

Voraussetzungen auf Lernerseite

- Lexik
  Die Schüler sollten über ein gutes Basisvokabular verfügen. Zahlreiche Zahlenangaben in Verbindung mit Internationalismen erlauben sicher, unbekannte Wörter aus dem Kontext zu erschließen.
- Grammatik
  Der Satzbau ist insgesamt einfach, von einzelnen Ellipsen abgesehen.
- Lernstrategien/Analysetechniken
  Die Schüler sollten in der Lage sein, über einzelne unbekannte Wörter hinweg zu lesen und beim Textverstehen eigenes Sachwissen zu aktivieren, um französische Wörter, die sie nicht kennen, zu erschließen.

Ziele der Textarbeit

- Zutrauen gewinnen in die Fähigkeit, zentrale Informationen ohne zusätzliche Hilfe aus einem Text entnehmen zu können
- Erweiterung des persönlichen Wortschatzes
- Interesse an Informationen aus Frankreich wecken und Bereitschaft zu vergleichender Stellungnahme anregen

Methodische Anregungen

- Einstieg
  Der Einstieg ist sicher unproblematisch und kann im Lehrer-Schüler-Gespräch durch einen Austausch von Informationen zu den verschiedenen Handys in der Klasse erfolgen.
- Hinweise zum Ablauf
  Der Text sollte in einer ersten Phase ganz eigenständig von den Schülern bearbeitet werden. Anschließend erfolgt eine Auswertung der Ergebnisse.
- Sozialform
  Zu Beginn der Stunde Lehrer-Schüler-Gespräch. Die autonome Texterschließung kann in Partnerarbeit oder individueller Arbeit erfolgen.

Übungsvorschläge

– Dessine un associogramme autour du mot «téléphone portable».

Aufgabenideen Typ 1

– Décris les particularités de ton téléphone portable.
– On te demande d'écrire un article pour un prospectus sur un téléphone portable. Utilise les mots spécifiques/techniques du texte pour la rédaction de ton article.

Aufgabenideen Typ 2

1. Fais une comparaison par écrit entre ton téléphone portable et le modèle du texte.
2. Prépare un sondage sur le nombre de téléphones portables dans ta classe et sur leur usage individuel.
   – Réfléchis aux questions que tu vas poser et aussi au mode d'organisation: questionnaire? interview?
   – Pense à la présentation en classe.

5 Textes visuels

5.1 L'image

Das Bild im Französischunterricht

Schüler leben in einer Umgebung, in der sie täglich vielfältigen visuellen Reizen ausgesetzt sind. Das Fernsehen, die großformatigen Informations- und Werbeflächen mit Fotos und Zeichnungen sowie Werbeanzeigen provozieren eine bewusste oder unbewusste Wahrnehmung. Auf diese Realität trifft man in Deutschland wie in Frankreich. Ohne jetzt andere Schulfächer von ihrer Verantwortung für eine zeitgemäße Medienerziehung entlasten zu wollen, stellt sich die Frage, inwieweit die Arbeit an und mit Bildtexten nicht auch Anliegen eines Französischunterrichts sein kann, der seine Aufgabe einerseits in der Ausbildung sprachlicher Kompetenzen, andererseits in einem Beitrag zur Ausbildung der Persönlichkeitskompetenz sieht.

Wenn wir von Bildern im Französischunterricht sprechen, dann meinen wir visuelle Darstellungen wie zum Beispiel Fotografien oder Bilder ohne sprachliche Elemente. Bei diesen Texten handelt es sich, wenn man sie im Unterricht einsetzt, um offene Formen. Das bedeutet, dass sie didaktisch verschiedene Zugänge und Zieloptionen zulassen.

Sie können als Sprech- und Schreibanlass eingesetzt werden. Als authentische Dokumente können sie ein Mittel sein, um landeskundliche, kulturelle oder biografische Informationen mit Bezug auf das Zielsprachenland zu erarbeiten. Wenn man sie als Zeugnisse mit einem anderen kulturellen Hintergrund heranzieht, bieten sie die Möglichkeit zu interkulturellen Erfahrungen.

Die genannten Anregungen gehen alle über die traditionelle Bildbeschreibung hinaus. Sie kann – wenn überhaupt – nur eine erste kurze Aktivität darstellen. Die Aufgaben für die Schüler in Verbindung mit einer visuellen Vorgabe sind darauf angelegt, die Lerner über die Aktivität in einen Bezug zu dem Bild zu bringen, in eine Nähe, die Interesse und Neugier auslöst und die zugleich die Lust am schriftlichen oder mündlichen Austausch der Gedanken und Erkenntnisse fördert.

Vocabulaire specifique: L'image

la photo
le tableau
la toile
la tache
une ligne horizontale
une ligne verticale
une forme géométrique
une représentation symbolique
la perspective
un effet de profondeur
le point de fuite
un premier plan
un second plan
le cadre
le regard
un espace
la connotation
la peinture impressionniste
la peinture abstraite

Stratégies d'analyse: L'image

- La situation proposée par l'image: Est-ce qu'elle t'est familière?
- Décris l'atmosphère que présente l'image.
- Change de perspective en regardant l'image. Est-ce que l'importance des objets/personnages change?
- Décris l'action que présente l'image.
- Essaie de voir et de sentir des rapports entre les couleurs.
- Fais attention à ce que tu découvres rationnellement mais n'oublie pas de faire attention à ce que tu ressens.
- Essaie de te voir dans l'image. Où serais-tu?
- Vois au-delà de l'image: Imagine la totalité de la situation.

Bibliographische Hinweise:

Deschamps, Fanny (2004), *Lire l'image au collège et au lycée en cours de français. Images fixes et images mobiles.* Paris: Hatier.
Gerverau, Laurent (2004), *Voir, comprendre, analyser les images.* Paris: la Découverte.
Joannès, Alain (2005), *Communiquer par l'image.* Paris: Dunod.

Textdokument: L'image[15]

Balthus
La fenêtre, Cour de Rohan
© VG Bildkunst 2007

Didaktisch-methodische Überlegungen

Beispiel: *La fenêtre* (Balthus)

Schwierigkeitsgrad	A1–C1
abhängig von der Aufgabenstellung	

Didaktisches Potenzial des Textes

- Inhalt/Thema
  Das Bild ist deutlich strukturiert und zeigt ein den Schülern bekanntes Motiv: einen Blick aus einem geöffneten Fenster in einen Innenhof mit gegenüberliegendem Haus. Ein Tisch mit einem Messer, einer Kanne, einem Behälter sowie einer kleinen Flasche darauf sind die einzigen Gegenstände. Der Realismus der Darstellung ermöglicht gleichwohl eine große Offenheit für die Schüler, eigene Wirklichkeiten zu konstruieren.
- Sprache
  Die Bildsprache ist klar und bildet in realistischer Weise die Gegenstände ab.
- Kompetenzbereiche
  Das Bild ist Anlass für sprachliche Aktivität. Es ist zugleich ein Beitrag zur ästhetischen Sensibilisierung der Schüler. Die Biografie des Malers sowie das Motiv selbst können Ansatzpunkte für Aufgaben im Sinne eines interkulturellen Lernens sein.

Voraussetzungen auf Lernerseite

- Lexik
  Lexikalische Strukturen für die Verbalisierung eigener Empfindungen müssen eingeführt sein. Wörter (Adverbien, Nomen) zur Beschreibung von Richtungen und Räumen sollten bekannt sein.
- Grammatik
  In Abhängigkeit von den Aufgaben sollten mehr oder weniger grammatische Strukturen angewendet werden können.
- Lernstrategien/Analysetechniken
  Wichtig ist, dass die Schüler erstens bereit sind, die Perspektive des Malers einzunehmen, und zweitens die Bereitschaft haben, über den Ausschnitt des Bildes hinaus eine Wirklichkeit zu konstruieren.

Ziele der Textarbeit

- Identifikation mit der dargestellten Situation
- Bereitschaft zur Verbalisierung von Sachverhalten und Empfindungen
- Motivation für bildliche Darstellungen wecken

Methodische Anregungen

- Einstieg
  Ein Blick aus dem Fenster des Klassenraumes und die Kommentierung dessen, was man sieht (und was man nicht sieht, aber weiß), führt hin zu dem

Thema „La fenêtre".

- Hinweise zum Ablauf
  Das Bild wird über OHP gezeigt, und die Schüler werden aufgefordert, sich individuell unter Bezugnahme auf den Analysevorschlag (Stratégies d'analyse) mit dem Bild auseinander zu setzen. Anschließend erfolgt eine gemeinsame Besprechung der Einzeleindrücke. Fortsetzung mit den Übungs- und Aufgabenvorschlägen.
- Sozialform
  Zu Beginn der Stunde Lehrer-Schüler-Gespräch. Wechsel im Verlauf der Stunde zu individueller Stillarbeit. Dann in der Auswertungsphase wiederum Lehrer-Schüler-Gespräch.

Übungsvorschläge

- Wiederholung der lexikalischen Strukturen zur Bestimmung von Objekten im Raum.

Aufgabenideen Typ 1

- Qui est le propriétaire/locataire de cette pièce? Décris cette personne.
- Tu as loué cette pièce et tu la découvres pour la première fois. Qu'est-ce que tu changerais?
- Qu'est-ce qui s'est passé avant que le peintre ait commencé à peindre cet endroit?
- Qui habite en face?
- Quelle est l'atmosphère qui règne dans cette pièce?

Aufgabenideen Typ 2

- Le peintre de cette toile s'appelle Balthus. Renseignez-vous sur sa vie et ses liens avec l'Allemagne, la France et le Japon. www.fondation-balthus.com
- Faites une photocopie de ce tableau, ajoutez l'intérieur et l'extérieur avec des images découpées dans des magazines et transformez-le en collage. Présentez vos œuvres dans une exposition à l'école.
- Ecrivez une nouvelle qui commence par:
  „La fenêtre était encore ouverte et le couteau avec sa lame argentée se trouvait comme un poisson mort sur la table ..."
- Demandez à votre professeur de dessin de vous donner des informations sur les peintres de l'époque de Balthus.
- Décorez une vitrine de votre école avec des informations sur la peinture française.
- Visitez le musée municipal de votre ville. Renseignez-vous sur d'éventuels tableaux de peintres français.

5.2 La publicité

Die Werbeanzeige im Französischunterricht

Die Werbeanzeige ist ein authentisches Dokument, das aus den folgenden Gründen in besonderer Weise geeignet ist, Motivation für die Beschäftigung mit der Sprache und dem Zielsprachenland zu wecken.

Werbung ist ein Phänomen, das im Alltag der Schüler präsent ist, sodass man davon ausgehen kann, dass sich die Brücke von der spontanen, vielleicht sogar unbewussten Wahrnehmung von Produkten in der Muttersprache zu Beispielen in der Fremdsprache schlagen lässt.

Werbung ist immer auch ein Dokument, das ein Produkt versteckt oder offen in einen Zusammenhang mit nationenspezifischen Werten, Mythen und Mentalitäten setzt. Sie bietet damit eine gute Grundlage für interkulturelles Lernen.

Eine Werbeanzeige ist – wenn es sich um bekannte Markenprodukte handelt – ein semiotisches Dokument, bei dem verschiedene Zeichensysteme miteinander agieren. Eine attraktive visuelle Komponente steht in Verbindung mit kurzen, syntaktisch of sehr einfachen Strukturen.

Alle drei genannten Gründe lassen es unverständlich erscheinen, warum diese Textsorte so selten im Unterricht Verwendung findet.

Auch der Übergang von der Rezeption hin zu attraktiven produktiven Aufgaben ist in der Regel ohne Probleme und ohne größeren Aufwand zu leisten. Werbung findet man in unterschiedlichen Realisierungen. Wir beschränken uns auf gedruckte Werbung.

Es gibt zwei Gruppen von Werbeanzeigen: solche, die das Produkt in den Mittelpunkt stellen und positiv darstellen, und solche, die im Zusammenhang mit dem Produkt einen Traum, eine Vorstellung visualisieren (Gervereau 2004, S. 145). Fanny Deschamps (2004, S. 28) gibt für die Werbetexte der zweiten Gruppe folgendes Beispiel:

Problématique: Le discours argumentatif dans l'image

Texte et image: Publicité pour la Ford Fiesta Senso

Les images publicitaires, qui magnifient le produit, sont des discours argumentatifs. Il est donc possible de montrer les spécificités de cette forme de discours dans l'image en soulignant, par l'analyse de la forme, les indices de valorisation. On pourra montrer comment les concepteurs d'images publicitaires manipulent les consommateurs en mettant en relief le travail de montage et de trucage. Par exemple, une publicité pour la Ford Fiesta Senso présente la voiture à l'envers roulant sur une planète. À l'arrière-plan, on voit la Terre. La légende indique: « Ford Fiesta. Elle rêve de vous montrer ce qu'elle sait faire. » Le montage photographique place la voiture dans l'univers. Il l'inscrit donc dans un contexte spatio-temporel supraterrestre symbolisant l'étendue de ses capacités.

Ziel einer Analyse mit den Schülern sollte es sein, sie kompetent zu machen, den Aufbau einer Werbeanzeige zu erkennen und die potenzielle Wirkungsabsicht mit Bezug auf eine bestimmte Konsumentengruppe zu beschreiben. Im Rahmen eines interkulturellen Lernens ist es interessant, produktgleiche Werbeanzeigen aus Deutschland und Frankreich zu vergleichen. Die bei der Analyse erworbenen Einsichten und Kompetenzen können schließlich in einer kreativen Phase, in der Werbeanzeigen entworfen werden, eingebracht werden.

Auch die Arbeit mit und an dieser Textsorte setzt aufseiten der Schüler die Kenntnis eines Besprechungsvokabulars sowie die Vermittlung einiger Strategien voraus, die ihnen bei der Analyse helfen.

Vocabulaire de base: La publicité

une annonce	– un message (affiche, spot radio, vidéoclip) qui informe le public
un annonceur	– une entreprise pour qui l'annonce est faite. C'est celui qui paie une annonce.
une affiche	– une feuille imprimée destinée à donner une information
la cible	– le public visé par l'annonce
l' accroche (f.)	– une phrase choc placée en haut d'une annonce pour attirer le public
le logo	– le symbole d'une marque ou d'une entreprise
le slogan	– une formule qui est associée au nom de la marque ou de l'entreprise
le texte principal	– le texte après l'accroche qui donne des détails
le champ	– la partie visuelle présentée dans une annonce
le champ lexical	– tous les mots qui appartiennent à une notion, à un objet ou à une personne

Stratégies d'analyse: La publicité

La page
- Situe l'accroche, le slogan, le logo et le texte principal

La cible
- Décris à qui s'adresse la pub (hommes, femmes, propriétaires de voitures, ...)

Les mots
- Cherche des mots qui forment un champ lexical
- Analyse les classes de mots: le nombre de verbes, de noms, d'adjectifs

L'intention
- Est-ce que la publicité présente un nouveau produit ou un nouveau service?
- Est-ce qu'on veut pousser le consommateur à l'achat?

Le style
- Regarde la forme des phrases.
- S'agit-il de phrases interrogatives?
- Y a-t-il des impératifs?
- Y a-t-il des phrases affirmatives, négatives?

La partie visuelle
- Est-ce qu'il y a une photo ou un dessin?
- Quel en est le champ?
- Quelle couleur domine?
- Est-ce qu'il y a des symboles?
- S'il y a des personnes, décris-les !

Le logo
- Que signifie-t-il?

Le rapport texte–image
- Quels sont les rapports entre le texte et les éléments visuels?

Bibliografische Hinweise:

Deschamps, Fanny (2004), *Lire l'image au collège et au lycée en cours de français. Images fixes et images mobiles.* Paris: Hatier.

Jouve, Michèle (1994), *Communication et publicité.* Théories et pratiques. Paris: Bréal.

Gerverau, Laurent (2004), *Voir, comprendre, analyser les images.* Paris: la Découverte.

Textdokument: Publicité

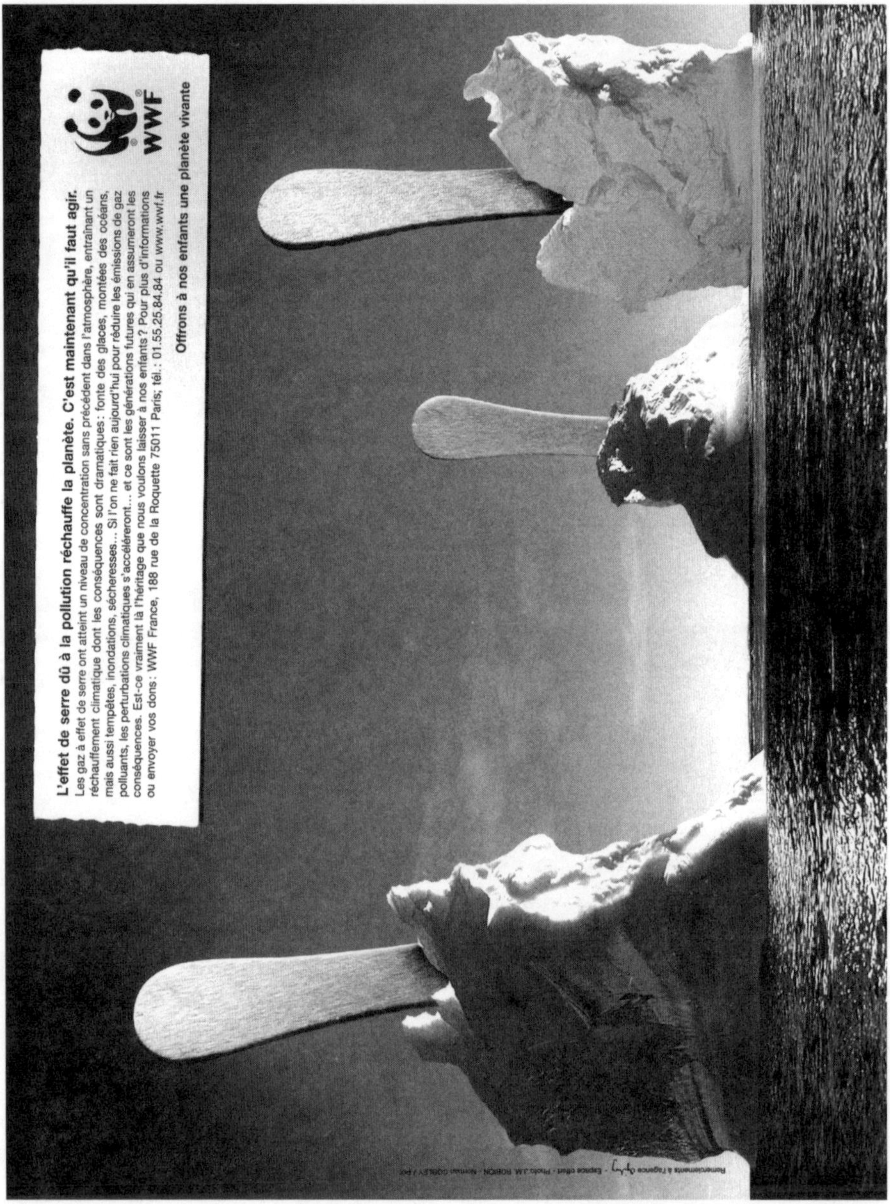

© Ogilvy & Mather, Paris/Photo: JM Robian/Getty

Didaktisch-methodische Überlegungen

Beispiel: WWF: L'effet de serrre

Schwierigkeitsgrad	B1–B2

Didaktisches Potenzial des Textes

- Inhalt/Thema
  Das Problem der Umweltverschmutzung mit ihren Folgen (Treibhauseffekt und Verringerung der Ozonschicht) ist den Schülern bewusst. Man kann aufgrund des starken ökologischen Bewusstseins der Jugendlichen davon ausgehen, dass die Thematik die Lerner interessiert. Auch die Organisation WWF kennen sicherlich die meisten Schüler.
- Sprache
  Die Metaphorik der visuellen Komponente ist zu diskutieren. Die verbale Komponente weist ein themenspezisches Vokabular auf mit Internationalismen, die von den Lernern erschlossen werden können.
- Kompetenzbereiche
  Die Werbeanzeige vermittelt wichtige themenspezifische Lexik.
  Die Thematik kann über eine Diskussion verschiedener nationaler Mentalitäten und Aktivitäten im Zusammenhang mit dem Problem der Umweltverschmutzung und ihren Folgen einen Beitrag zum interkulturellen Lernen leisten. Die Arbeit an der Wort-Bild-Beziehung ist ein Beitrag zum „Lernen lernen".

Voraussetzungen auf Lernerseite

- Lexik
  Alle Wörter können von den Lernern erschlossen bzw. mit einem einsprachigen Wörterbuch in ihrer Bedeutung erarbeitet werden.
- Grammatik
  Es gibt für die angegebene Stufe B1–B2 keine syntaktischen Schwierigkeiten.
- Lernstrategien/Analysetechniken
  Die Werbeanzeige weist eine klare Zweiteilung auf. Ein wichtiges Anliegen muss es sein, die Bildmetapher (Speiseeis, das verzehrt wird) zu erkennen und in einen Bezug zum Text zu bringen. Die Form des Kastens sowie seine Platzierung anstelle der Sonne kann diskutiert werden.

Ziele der Textarbeit

- Sprachliche Kompetenz zur beschreibenden und argumentativen Auseinandersetzung mit dem Thema fördern
- Entdecken und Verstehen des Wort-Bild-Bezugs
- Bewusstsein für die Problematik der Umweltverschmutzung schaffen

Methodische Anregungen

- Einstieg
  Präsentation einer tagesaktuellen Meldung zur Umweltproblematik
- Hinweise zum Ablauf
  Nach der Präsentation wird das Bild gezeigt, ohne den Textteil, der abgedeckt ist. Hypothesen anstellen lassen, was das Bild zeigt und wofür es wirbt. Anschließend Lesen des Textteils und Verknüpfung von Bild und Text.
- Sozialform
  Zu Beginn der Stunde Frontalunterricht. Wechsel im Verlauf der Stunde zu Partnerarbeit und Stillarbeit.

Übungsvorschläge

Erstellen eines Wörternetzes zum *champ lexical: La pollution atmosphérique*

Aufgabenideen Typ 1

Tu as vu une émission sur les conséquences de l'effet de serre à la télévision. Ecris une lettre à un(e) ami(e) français(e) pour communiquer tes soucis et pour demander son avis.

Aufgabenideen Typ 2

- Recherchez les informations sur les activités de WWF en France. Préparez une présentation en classe.
- Contactez une agence de WWF chez vous et demandez du matériel d'information. Préparez une exposition contrastive (allemand/français) dans une vitrine de votre établissement.
- Le WWF est très connu en France suite à une affaire politique sous le Président Mitterrand et le «Rainbow Warrior». Cherchez des informations et prenez position face à la réaction de l'Etat.
- Prenez contact avec votre professeur de physique pour réfléchir avec lui sur une initiative afin de sensibiliser les élèves au problème de l'effet de serre.
- Lancez un concours de photos sur le thème «L'effet de serre» pour tous les élèves qui apprennent le français dans votre établissement. Discutez et précisez les modalités ainsi que les initiatives publicitaires en français.

5.3 L'infographie

Die Infografie im Französischunterricht
Die Infografie ist eine junge Textsorte, deren Ursprung und Entwicklung in einem direkten Zusammenhang mit der Entwicklung der Medientechnologie steht. Mit dem Begriff Infografie wird einerseits die künstlerische Tätigkeit unter Nutzung computerbasierter Software bezeichnet. Andererseits ist die Infografie das Produkt, das sich aus einer Verbindung von Textelementen mit Bildelementen zusammensetzt, die zu einer komplexen und kompakten Information synthetisiert werden.

Damit ist zugleich eine neue Berufssparte im Bereich der grafischen Berufe entstanden, der *Infographiste*.

Infografien können je nach verwendeter Technik unterschiedlich gestaltet werden. Die Palette reicht von zweidimensionalen Illustrationen über dreidimensionale Produkte bis hin zu animierten Darstellungen, die der Textsorte *bande dessinée* ähneln. Infografien findet man heute fast in jeder Tageszeitung und vor allem im Fernsehen.

Was das didaktische Potenzial dieser Textsorte betrifft, so eignet sie sich in ihrem thematischen Bezug außer zur Erweiterung der enzyklopädischen Wissenskompetenz an erster Stelle zur Ausbildung einer besonderen Form der Lesekompetenz.
Wie das Beispiel[17] zeigt, findet der Leser in Infografien zahlreiche Informationen, die zu verarbeiten sind.

Aufgrund der Komplexität der grafischen Darstellung sind allerdings traditionelle Techniken des Leseverstehens, wie sie für das verstehende Lesen von literarischen Texten oder Sachtexten beschrieben und im Sprachunterricht bekannt sind, nicht mehr ausreichend, um diese Texte erfolgreich zu bearbeiten. Ein Lesen von links nach rechts führt ebenso in eine Sackgasse wie der Versuch, durch die Anwendung der Techniken des „skimming" oder „scanning" die grafische Dokumentation zu erschließen. Die Schüler benötigen also Lesestrategien, um sich in einer Infografie lesend zu orientieren und um die einzelnen Informationen zu einer Gesamtinformation zu verbinden.

Eine solche Orientierung kann durch folgende Checkliste (in französischer oder in deutscher Sprache) erfolgen.

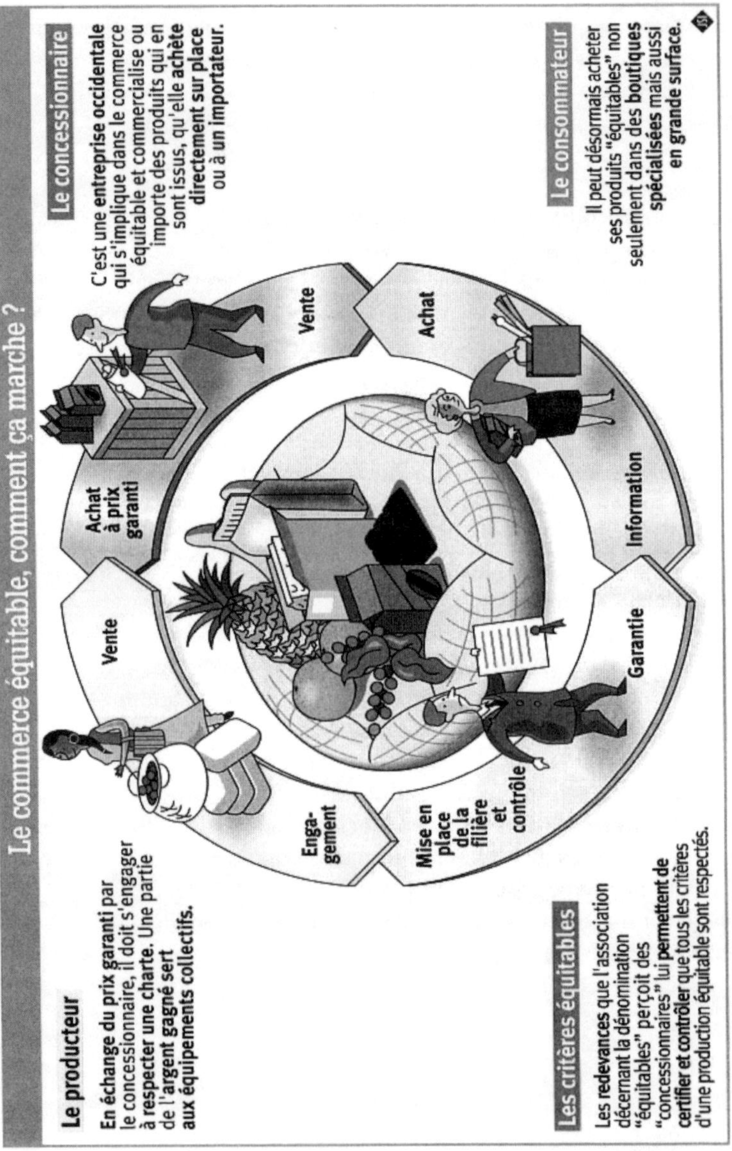
Le commerce équitable, comment ça marche ?
Le producteur
En échange du prix garanti par le concessionnaire, il doit s'engager à respecter une charte. Une partie de l'argent gagné sert aux équipements collectifs.
Engagement
Vente
Achat à prix garanti
Vente
Le concessionnaire
C'est une entreprise occidentale qui s'implique dans le commerce équitable et commercialise ou importe des produits qui en sont issus, qu'elle achète directement sur place ou à un importateur.
Achat
Information
Garantie
Mise en place de la filière et contrôle
Les critères équitables
Les redevances que l'association décernant la dénomination "équitables" perçoit des "concessionnaires" lui permettent de certifier et contrôler que tous les critères d'une production équitable sont respectés.
Le consommateur
Il peut désormais acheter ses produits "équitables" non seulement dans des boutiques spécialisées mais aussi en grande surface.

Stratégies d'analyse: L'infographie

1. Tu trouves les informations à la fois dans la partie graphique (schéma, dessin, photo) et dans la partie textuelle proprement dite.
Jette un premier coup d'œil sur le document. Concentre-toi sur:

un mot connu ou l'illustration.

2. Point de départ: Un mot
- Cherche et souligne dans le texte d'autres mots qui forment un champ lexical (Ex: entreprise, commercialiser, importer, acheter ➜ le commerce)

ou bien

- Relie le mot que tu as choisi – si possible – à un élément de la composante graphique par une flèche. (Ex: la charte ➜ illustration de la charte) Continue avec d'autres mots.
- Ensuite, essaie de formuler/résumer le message central de l'infographie dans une phrase.
- Cherche des informations détaillées qui confirment ton idée dans les différentes parties textuelles. N'hésite pas à relier les informations par des couleurs différentes ou par des flèches.
- Pour les mots inconnus, essaie de voir si tu trouves le sens dans la partie graphique. Sinon, demande à ton professeur ou consulte un dictionnaire.
- Reprends ta première phrase concernant le contenu et développe-la pour arriver à un petit texte résumant les informations de l'infographie.

3. Point de départ: L'illustration
- Ecris une phrase qui commence par «L'illustration montre ...» et complète-la par tout ce que tu découvres dans l'illustration. (Ex: L'illustration montre les régions du monde avec des icebergs et la forme des icebergs.)
- Cherche ensuite des informations dans le texte qui ont un rapport avec les idées centrales de ta phrase. Pour reprendre l'exemple: Trouve des mots qui appartiennent au sujet «régions du monde avec des icebergs» ou bien au sujet «la formations des icebergs». Fais-en deux colonnes.
- Dessine les rapports entre l'illustration et les éléments du texte par des flèches ou en surlignant les éléments par différentes couleurs.
- Ecris un petit texte qui résume les informations données par l'infographie.

Bibliografische Hinweise:
Salles, Daniel (2004), *Image de presse en 4e–3e*. CRDP de l'Académie de Grenoble.
Castellani, Jean-Pierre (2000), «Lire le visuel: l'infographie, un nouveau langage de presse», in: *Der fremdsprachliche Unterricht-Französisch* 46 (Text und Bild im Dialog), S. 21–23.
Vignaud, Marie-Françoise (2000), «Plein feux sur l'infographie», in: *Der fremdsprachliche Unterricht-Französisch* 46 (Text und Bild im Dialog), S. 24–28.

Textdokument: Infographie[18]

Les médias

À retenir

1. Des quotidiens gratuits sont distribués en Europe depuis 1995 et en France depuis 2002.
2. Ces journaux sont distribués le matin à l'entrée des gares et des stations de métro.
3. Ils vivent uniquement de la publicité.
4. En plus des quotidiens gratuits, il existe aussi des magazines et des journaux de petites annonces, gratuits eux aussi.

Didaktisch-methodische Überlegungen

Beispiel: *La presse gratuite*

Schwierigkeitsgrad	B1

Didaktisches Potenzial des Textes

- Inhalt/Thema
  Die Infografie stellt einen Sachverhalt vor, der gegenwärtig für Frankreich sehr aktuell ist und der damit einen wichtigen Beitrag zum Kennenlernen der Printmedien leisten kann.
- Sprache
  Mit Ausnahme des themenspezifischen Vokabulars ist die Lexik relativ einfach. Die Sätze weisen einfache Strukturen auf.
- Kompetenzbereiche
  Die Erweiterung des Grundvokabulars um themenspezifisches Vokabular leistet einen Beitrag zur Ausbildung der Fähigkeit, über sprachliche Mittel zu verfügen. Der Text bietet zusätzlich eine gute Grundlage für eine vergleichende Analyse der Presselandschaft in Deutschland und Frankreich. Durch die Informationen ist eine Erweiterung auf die Situation in anderen europäischen Ländern zumindest im Ansatz möglich.
  Eine Vertiefung der Methodenkompetenz ist im Bereich der Analyse eines Wort-Bild-Dokuments möglich.

Voraussetzungen auf Lernerseite

- Lexik
  Die Lerner können die themenspezifischen Wörter erschließen bzw. mit einem einsprachigen Wörterbuch in ihrer Bedeutung erarbeiten.
- Grammatik
  Es gibt für die angegebene Stufe B2 keine syntaktischen Schwierigkeiten.
- Lernstrategien/Analysetechniken
  Die Checkliste mit den Analysestrategien kann eine Orientierung für die Analysearbeit der Lerner sein.

Ziele der Textarbeit

- Erweiterung des Wortschatzes um themenspezifisches Vokabular
- Verstehen der Wort-Bild-Beziehung
- Anwendung von sprachlichen Strukturen bei eigener Textproduktion

Methodische Anregungen

- Einstieg
  Der Einstieg erfolgt über ein einleitendes Lehrer-Schüler-Gespräch über die Situation der bekannten französischen Tageszeitungen (Le Monde, Le Figaro,

Libération ...), die durch die kostenlosen Zeitungen einem starken Konkurrenzdruck ausgesetzt sind.

- Hinweise zum Ablauf
  Austeilen des Dokuments und Partnerarbeit unter Anwendung des Analyserasters.
  Anschließend Zusammentragen der Ergebnisse und ansatzweise Diskussion der Frage nach den Vor- und Nachteilen bzw. Gefahren der Entwicklung von kostenlosen Presseerzeugnissen.
- Sozialform
  Eröffnung der Stunde mit Frontalunterricht. Wechsel im Verlauf der Stunde zu Partnerarbeit und Stillarbeit.

Übungsvorschläge

Erstellen eines Wörternetzes zum Thema „La presse écrite"

Aufgabenideen Typ 1

Un ami travaille pour le journal gratuit «Métro». Tu lui poses dix questions pour bien comprendre le rôle et le fonctionnement de la presse gratuite en France.

Aufgabenideen Typ 2

- Vous décidez d'écrire un courrier au journal gratuit «Métro» à Paris www.metrofrance.com pour vous informer en détail sur la presse gratuite. Réfléchissez sur les questions qui vous intéressent.
- Contactez la rédaction d'un journal de votre ville ou de votre région afin de connaître l'avis des rédacteurs sur le phénomène de la presse gratuite.
- Laissez vous inspirer par l'idée d'un journal gratuit et conceptualisez un numéro au sein de l'école.

5.4 La bande dessinée

Die BD im Französischunterricht

Die BD ist eine der wenigen Textsorten, die – wie etwa der Briefroman (Madame de Sévigné, Montesquieu) – sehr eng mit der frankofonen Kultur verbunden ist. Klassiker wie Astérix, Tintin oder Titeuf haben bis heute ungezählte Nachfolger gefunden, und die Motivation, sich mit dieser Textsorte zu befassen, ist bei jugendlichen und erwachsenen Lesern in Frankreich ungebrochen. Das „Festival de la BD d'Angoulême"[19] ist in jedem Frühjahr ein erster kultureller Höhepunkt des Jahres, der neben dem Filmfestival in Cannes mit der Verleihung der „Palmes d'or" sowie den „Francofolies de La Rochelle, Festival d'été de musique et chanson francophone" auf eine ungeteilte Aufmerksamkeit in der französischen Öffentlichkeit und den Medien trifft.

Als wichtiger Teil der frankofonen Welt verdient die BD, im Französischunterricht thematisiert zu werden, auch wenn in den letzten Jahren mit den asiatischen Mangas eine ernsthafte Konkurrenz zu der klassischen BD auf den Markt drängt.

Am Beispiel dieser Textsorte kann man aber auch zeigen, dass der Markt in Deutschland und Frankreich große Unterschiede aufweist. Während man in Frankreich eine ständige Flut von Neuerscheinungen beobachten kann (jährlich erscheinen etwa 2000 neue Titel), bleibt der Markt für Comics (allein das Fehlen eines deutschen Begriffs ist auffällig) in Deutschland eher klein. Während französische Jugendliche also mit dem Medium vertraut sind, kann man bei den deutschen Schülern dieses Wissen nicht generell voraussetzen. Gleichwohl zeigen die Erfahrungen aus dem Unterricht, dass die Textsorte aufgrund der Farbigkeit, der Wort-Bild-Verzahnung, der inhaltlichen Spannung sowie teilweise ungewöhnlicher sprachlicher Strukturen das Interesse der Lernern wecken kann.

Als Produkt mit einer Geschichte, die in der ersten Hälfte des 19. Jahrhunderts beginnt, ist die BD heute thematisch sehr vielfältig. Erotische Liebesgeschichten, politische BD, Utopische Geschichten, Kriminalgeschichten, biografische BD zu einer Persönlichkeit, Romane in Form einer BD: Dies sind nur einige der thematischen Richtungen, die Chance und Herausforderung zugleich sind, wenn man an ihren Einsatz im Unterricht denkt. Chance insofern, als es kaum ein Thema gibt, zu dem man nicht eine BD finden könnte. Die Herausforderung besteht darin, die Textsorte nicht nur als witzige Abwechslung in der letzten Stunde vor Beginn der Ferien einzusetzen, sondern sie zum Gegenstand einer motivierenden Lernerfahrung für die Schüler zu machen. Dabei ist es erstens notwendig, sich mit der Spezifizität des Textes vertraut zu machen, denn

> si l'on tient la bande dessinée pour une forme de langage, sa vocation première est bien moins de créer du Beau que de produire une forme de communication avec le lecteur qui, loin d'être passif, contribue intimement au processus créatif. (BAM 2003, S. 10)

Um diesen aktiven Dialog anzubahnen, ist es notwendig, den Schülern die gebrauchten Instrumente und Hilfsmittel in Form von Basisinformationen, eines Besprechungsvokabulars und spezifischen Lesetechniken an die Hand zu geben.

Vocabulaire specifique: La bande dessinée

un album	un livre contenant une ou plusieurs bande(s) dessinée(s)
une planche	le nom pour une page d'une BD
la case/la vignette	l'unité de base d'une BD. Elle consiste en un dessin encadré de taille différente avec ou sans inscriptions verbales
un découpage	un récit est découpé en une succession de cases.
la mise en page	l'organisation des cases dans la planche
une bulle	l'endroit clairement délimité par un trait qui contient les paroles prononcées par les personnages
l'idéogramme m.	un dessin symbolique qui représente un son ou une idée
le récitatif	un espace encadré avec un commentaire sur l'action ou une remarque du narrateur
une onomatopée	la transposition d'un bruit ou d'un son en écriture

Was die Lesetechniken betrifft, so müssen die Lerner Erfahrungen damit sammeln, eine Folge von Text-Bild-Elementen zu einer Erzählhandlung zu verbinden und dabei gedanklich auch die Zwischenräume zwischen den Vignetten mit Wirklichkeitskonstruktionen auszufüllen. Das Stilelement der Ellipse, also das Weglassen von Strukturelementen, die der Leser gedanklich ausfüllt, spielt in der BD eine wichtige Rolle, und die Interpretation des Lesers „se forge donc non seulement à partir de ce qui est dit et montré, mais aussi à partir de tout ce qui n'est pas dit ni montré". (BAM 2003, S. 11)

Stratégies d'analyse: La bande dessinée

Le récit
- Analyse la taille et le nombre de vignettes. Est-ce qu'il y a un rapport avec les mouvements de l'action?
- Prends un stylo et trace une ligne qui montre la direction de la lecture.

Les personnages
- Qui est le héros? Est-ce un homme, une femme?
- Qu'est-ce qui le caractérise?
- Est-ce qu'il y a un anti-héros? Quels sont ses traits de caractère?

Le style des dessins
- Quelle est la fonction des couleurs?
- Est-ce qu'il y a du mouvement dans les images?
- Quel est le point de vue adopté dans les images?
- Analyse les ellipses qui relient les images.

Bibliografische Hinweise:
Beaux Arts Magazine (BAM) Hors série. «Qu'est-ce que la BD aujourd'hui? Paris: Beaux Arts SA.
Groensteen, Thierry (2005), *La bande dessinée. Une littérature graphique.* Paris: Ed. Milan.
Peeters, Benoît (1993), *La bande dessinée.* Paris: Flammarion.

Textdokument: Bande dessinée[20]

Les Gendarmes, tome 6 © Bamboo Édition – Jenfèvre, Sulpice & Cazenove – www.bamboo.fr

Didaktisch-methodische Überlegungen

Beispiel: ***Les Gendarmes***

Schwierigkeitsgrad	A2

Didaktisches Potenzial des Textes

- Inhalt/Thema
  Die Situation der Polizeikontrolle ist deutschen Schülern bekannt. Alle formalen Merkmale einer BD lassen sich gut an dem Beispiel erkennen. Die humorvolle Art der Darstellung ist motivierend.
- Sprache
  Aufgrund der dominanten visuellen Komponente ist die Geschichte sofort verständlich. Die sprachlichen Strukturen orientieren sich stark am *code oral*.
- Kompetenzbereiche
  Die BD weist Ansatzpunkte für ein interkulturelles Lernen in folgenden Punkten auf:
  - die Polizei in Frankreich
  - Einheiten: Police, Gendarmerie Nationale, CRS
  - Uniform, Auto
  - die Pointe des letzten Bildes mit dem englischen Auto (Union Jack in der Windschutzscheibe und englisches Werbeschild vorne links), das das Steuer auf der rechten Seite hat.

Voraussetzungen auf Lernerseite

- Lexik
  Einzelne Vokabeln (imposer son autorité, souffler, le passager) sind aus dem situativen Kontext erschließbar.
- Grammatik
  Die Phänomene der gesprochenen Sprache in den Ausdrücken „T'as vu", „Pouvez y aller", „Elle a pas bronché") sind zu erklären.
- Lernstrategien/Analysetechniken
  Die BD weist eine einfache Struktur auf und eignet sich gut als Einstieg, um die Schüler mit dem Besprechungsvokabular sowie den Merkmalen einer BD vertraut zu machen.

Methodische Anregungen

- Einstieg
  - Mitbringen einer BD
  - Präsentation der Asterix-Briefmarke über OHP

- Hinweise zum Ablauf
  Nach dem Einstieg zuerst nur die ersten beiden Vignetten über OHP zeigen. Gespräch zur Situation. Vermutungen anstellen lassen: Wer sind die beiden Gendarmen? Wer sitzt im Auto?
  Das letzte Bild, das nicht gezeigt wird, zum Anlass für eine schriftliche Stillarbeit oder Hausarbeit für die Folgestunde nehmen: „Pourquoi est-ce que le gros gendarme est-il déçu?“
- Sozialform
  Zu Beginn der Stunde Frontalunterricht. Wechsel im Verlauf der Stunde zu Partnerarbeit und Stillarbeit.

Übungsvorschläge

- Umformungsübung *code oral – code écrit* und umgekehrt
  Beispiel:

T'as vu la voiture?	Tu as vu la voiture?/Est-ce que tu as vu la voiture?
T'as pas raison.	Tu n'as pas raison.
Tu prends ta bicyclette, j'ai dit.	J'ai dit que tu prends ta bicyclette.

Aufgabenideen Typ 1

a. Transforme le dialogue entre 2 copains en français écrit:
   + Ça va?
   * Ouais, suis fatigué.
   + T'as pas dormi?
   * Si, mais pas longtemps.
   + Qu'est-ce t'as fait?
   *J'peux pas t'ledire.
   + Pourquoi? J'suis ton pote. Tu l'sais.
   * C'est pas ça.
   + Eh, alors?

b. Continue le dialogue dans une colonne (langue parlée) et fais la transcription (langue écrite) dans une colonne à côté.

Aufgabenideen Typ 2

- Le gendarme rentre à la maison. Sa femme lui demande ce qui s'est passé aujourd'hui et il lui raconte l'histoire. Ecris l'histoire.
- Renseigne-toi sur les degrés d'alcoolémie acceptés en France et en Allemagne. Quelles sont les sanctions quand on les dépasse. Prépare une présentation comparative (Power Point, affiche)
- Renseigne-toi sur les voitures de fonction et uniformes des gendarmes en France et en Allemagne. Compare-les et présente le résultat de ta recherche devant la classe.
- Renseigne-toi au commissariat de police de ta ville s'il y une personne qui parle français. Si oui, invite-la dans le cours de français pour discuter avec la classe.
- Publie une version allemande de la BD dans le journal de l'école.

6 Textes littéraires

6.1 La chanson

La chanson im Französischunterricht

Der Einsatz des *chanson* im Französischunterricht ist aus mehreren Gründen lohnenswert. Musik allgemein gehört zum Alltag der Schüler. *Chansons* als Textsorte, in der zwei Zeichensysteme miteinander verbunden werden, nämlich das Sprachsystem und das musikalische System, das sich formal in der Melodie und im Rhythmus zeigt, bedeuten für die Lerner Nähe und Distanz zugleich: Nähe, weil Musik sie über MP3-Spieler oder I-Pod am Tag begleitet, Distanz, weil es kaum möglich und auch nicht sinnvoll ist, bei der Auswahl eines *chanson* genau den Geschmack der Jugendlichen zu treffen oder treffen zu wollen.

Aber diese Textsorte hat einen spezifisch französischen bzw. frankofonen Ursprung, und deshalb bieten *chansons* auch immer schon für sich einen Anlass für eine interkulturelle Begegnung.

Darüber hinaus stellen die Hörprodukte natürlich immer auch einen Beitrag dar, das Hörverstehen zu schulen. Und schließlich sollte man bedenken, dass das Arbeiten mit *chansons* im Unterricht eine Möglichkeit für eine methodische Abwechslung in der täglichen Spracharbeit darstellt und also durchaus motivierend sein kann.

Eine besondere Bedeutung kommt der Frage nach der Auswahl der Texte zu. Die Erfahrungen der Kollegen sind sehr unterschiedlich. Einerseits berichten Lehrer, dass sie mit Erfolg *La Mer* von Charles Trenet oder alte *chansons* von Georges Moustaki eingesetzt haben. Die Schüler – so die Rückmeldung – waren angetan von der Ruhe, die diese *chansons* ausstrahlten. Andererseits wird genau von der gegenteiligen Erfahrung berichtet, die in Ermangelung hörbarer moderner Produkte oft dazu geführt hat, dass kaum noch Chansontexte im Unterricht eingesetzt werden.

In der Tat ist die heutige Szene sehr schillernd. Das Problem besteht vor allem darin, zwischen Rap, Hip-Hop, Slam, um nur einige Richtungen zu nennen, Texte zu finden, die geeignet sind, gehört und analysiert zu werden. Aber es gibt sie durchaus, und die *chansons* von Grand Corps Malade, einem *slameur,* lohnen die kritische didaktische Analyse ebenso wie Texte von Vincent Delerm oder Carla Bruni. Es liegt in der Verantwortung des einzelnen Kollegen, eine inhaltliche und thematische Auswahl zu treffen, die einerseits den Lernerinteressen Rechnung trägt, die aber andererseits auch von der Absicht getragen sein muss, einen authentischen Einblick in die Inhalte, Themen und Formen der heutigen Musikszene in Frankreich zu gegeben.

Dazu gehören Texte, die sowohl die Alltagssprache als auch die Alltagsprobleme aufgreifen und die auf jede Erhöhung und falsche Sentimentalität verzichten. Eine dieser Formen sind die *slam*, deren Vertreter in einem Artikel der

Le slam du jour

Tous les vendredis, *Metro* ouvre ses colonnes à la jeune génération slam. Aujourd'hui, Alicia, qui souhaite ainsi un bon anniversaire à son frère.

Slam pour Did

Je dédie ce Slam pour Didier mon frère car le 2 décembre c'est le jour de son anniversaire

Le plus relou dans ces histoires c'est qu'il faut toujours percer le panier pour ne pas décevoir

Mais quand t'as pas de sous et que tu broies du noir dans l'espoir de trouver quelques dollars

Tu envisages toutes les possibilités même d'lui offrir le taxi pour aller son pote au parloir

Quoi lui offrir comme cadeau et je me suis dit pourquoi pas une dédicace dans *Metro*

Pas facile d'exprimer en quelques mots tout l'amour qu'on peut porter à son grand frère

Surtout quand celui-ci vous a fait la misère à l'époque où il se prenait pour un Gangster

J'me souviens encore de cette époque difficile où tu pleures autant qu'un bb qui fait ses dents

J'peux vous assurer qu'il m'a fait si souvent pleurer qu'on aurais pu remplir la Loire

Mais si tu sais dans le 44, ce fleuve qui passe dans les villes que t'ira jamais voir !

Bref, je reviens sur ce fameux anniversaire et sur cette formidable personne qu'est mon frère

Il deviendra un trentenaire, n'oublions pas que c'est avec le temps qu'on construit ses repères

Pour ma part, c'est tout vu, ma mère, mon père, mes sœurs, et mes frères, mes passions...

Ma famille en qui je crois et qui ne me feront jamais la guerre sans raison

Un grand "je t'aime" à mon grand frère, que ta vie soit longue et assurément prospère

J'vous le dis Didier c'est un mec hors pair et j'vous interdit de penser le contraire...

Envoyez vos slams !

Envoyez vos textes (1 200 signes au maximum) à jerome.vermelin @publications-metro.fr N'oubliez pas de nous joindre également votre photo !

Zeitung *Le Monde* als „héritiers branchés des troubadours et des griots" (Davet 2006, S. 17) bezeichnet werden. Der *slam*, der seinen Ursprung in den USA hat, kommt Mitte der 90er Jahre nach Frankreich, wo bei abendlichen Treffen Menschen ganz unterschiedlicher Generationen zum Mikrofon greifen, um auf der Basis eines selbst gewählten Rhythmus von ihren persönlichen Erfahrungen und Problemen zu erzählen. Der Eingangsslogan des Internetportals des *Ministère de l'Education et des Sports* unter der Adresse http://www.slameur.com/ lautet „La poésie démocratisée" und trifft damit den Kern der Textsorte. Es sind Texte ohne künstlerischen Anspruch, die aber durchaus einen poetischen und musikalischen Charme haben. Das Internetportal vermittelt einen Eindruck von der Bewegung, die in Frankreich eine große Verbreitung hat. Sie geht soweit, dass selbst in der kostenlosen Zeitung *Métro* täglich „Le Slam du Jour" veröffentlicht wird. Links ein Beispiel[21], das durchaus Anlass für eine Diskussion und für kreative Varianten der Schüler sein kann.

Bibliografische Hinweise:
Der fremdsprachliche Unterricht Französisch. Themenheft „La nouvelle chanson française. 81/82 (2006).
Libération Hors Série (2006): *Chanson française 1973-2006: paroles, musiques polémiques.*
http://www.tv5.org/TV5Site/enseignants/concept_approches_d.php
http://www.francparler.org

Textdokument: La chanson

Corneille

Laissez-nous vivre

note: BO Taxi 3

Ouh
Oh yeah
Ouh ouh
Ouh ouh

C'est pas parce qu'on est jeune qu'on est confus
C'est pas parce qu'on a la haine qu'on tue
C'est pas parce qu'on a mal vécu qu'on parle pas comme il faut
Quoi qu'on écrive et quoi qu'on en dise
C'est pas parce qu'on porte le voile qu'on est sousmise
C'est parce qu'on porte nos frocs trop bas qu'on vise moins haut
Non non

On vit d'autres temps
Rien n'est comme avant
On est différents on se ressemble
On vient d'ici et d'ailleurs en même temps
On vit notre temps pas le vôtre mais grand
On se refait l'histoire on garde espoir
Mais avant on vous demande

{Refrain:}
Laissez-nous vivre avec nos risques avec nos rêves
Laissez-nous vivre sans peur et sans haine et sans glaive
Laissez-nous vivre avec nos airs naifs et nos peines
Laissez-nous vivre on fera ensemble tant pis si ça gêne

Didaktisch-methodische Überlegungen

Beispiel: ***Corneille, Laissez-nous vivre***

Schwierigkeitsgrad	B1

Didaktisches Potenzial des Textes

- Inhalt/Thema
  Thema des *chansons* sind der Unterschied zwischen den Generationen und das daraus resultierende Problem des Nichtverstehens. Die angesprochene Problematik trifft den Erfahrungsbereich der Schüler und eignet sich auch für eine interkulturelle Sensibilisierung in dem Sinne, dass die Lerner erkennen, dass die Probleme der Jugendlichen in Deutschland und Frankreich ähnlich sind.
- Sprache
  Dieses *chanson* eignet sich – wie viele andere –, um Phänomene des *code oral* zu erkennen.
- Kompetenzbereiche
  Im sprachlichen Bereich kann die Unterscheidung von Phänomenen des *code oral* und des *code écrit* bewusst gemacht werden.
  Das wesentliche Potenzial liegt im Bereich der Förderung des Hörverstehens sowie der *expression orale et écrite* durch interpretatorische Aufgaben.
  Landeskundlich/interkulturell kann das Chanson Anlass sein, um die Situation der Jugendlichen in Frankreich und Deutschland vertiefend zu erarbeiten.

Voraussetzungen auf Lernerseite

- Lexik
  Die Lexik ist nicht immer einfach. Registerspezifische lexikalische Strukturen der Jugendsprache sind einzuführen, damit ein Grobverstehen erreicht wird.
- Grammatik
  Die Schüler müssen Merkmale des *code oral* kennen. Außerdem wird die Kenntnis von Formen des *subjonctif* verlangt.
- Lernstrategien/Analysetechniken
  Als Hörtext präsentiert, werden insbesondere Techniken der mündlichen Textrezeption und -verarbeitung vorausgesetzt.

Ziele der Textarbeit

Methodische Anregungen

- Einstieg
  Der Einstieg kann über eine Werbeanzeige erfolgen, die einen Jugendlichen oder mehrere Jugendliche zeigt, die wegen ihrer Haltung und Kleidung Anlass zur Kommentierung geben. Eine andere Möglichkeit besteht darin, den Titel des Chansons *Laissez-nous vivre* als Impuls zu geben, verbunden mit der

Frage: „Qui adresse cet ordre à qui?" Damit wird eine thematische Vorentlastung für den Hörtext geleistet.

- Hinweise zum Ablauf
  Die Arbeit mit dem Hörtext erfolgt im Klassenverband. Vor dem zweimaligen Hören des Textauszugs werden die Schüler aufgefordert, zwei Wörter aus dem Chanson herauszuhören. Diese Wörter werden gesammelt. Ein weiteres Vorspielen bereitet die Folgephase vor, die darin besteht, dass die Schüler zu zweit versuchen, eine Abfolge der Wörter im Chanson herzustellen. Auf der Grundlage dieser Arbeit wird dann der verschriftete Text verteilt, und das Detailverständnis kann gesichert werden. Hieran schließen sich weitere Aufgaben vom Typ 1 und 2 an.
- Sozialform
  Es ist aus motivationalen Gründen wichtig, eine Phase des gemeinsamen Hörens einerseits mit individualisierenden Aufgaben zu verbinden und andererseits die Möglichkeiten zu einer Partner- bzw. Kleingruppenarbeit zu nutzen.

Übungsvorschläge

Eine Grundstruktur des Chansons ist

C'est parce qu'on est + Adj. *qu'on est+adj*
fait+complément qu'on+avoir+complément

Diese Struktur kann als Element, das das Hören vorbereitet, in verschiedenen Kontexten geübt werden.

Eine weitere Übungsmöglichkeit bietet sich in der wiederholenden Festigung der Zeitadverbien (hier, avant, en même temps ...) an.

Aufgabenideen Typ 1

– Faites une liste avec les préjugés des jeunes vis-à-vis des vieux et inversement.
– Etre vieux, qu'est-ce que cela signifie pour vous? Répondez par écrit à la question.
– Une chanson avec cette thématique: A quoi bon?

Aufgabenideen Typ 2

– Ecrivez un rap qui tient compte de vos problèmes avec les personnes âgées.
– Invitez une personne âgée dans votre cours de français et discutez les problèmes qui existent entre les générations.
– Y a t-il une responsabilité des jeunes vis-à-vis des personnes âgées? Préparez un débat en classe.

6.2 La nouvelle

La nouvelle im Französischunterricht

Als *nouvelle* wird ein Text bezeichnet, der folgende Eigenschaften aufweist: „bref, de construction dramatique, et présentant des personnages peu nombreux". (Petit Robert 2003, S. 1748) Das Äquivalent im Deutschen ist somit die Kurzgeschichte.

Kurzgeschichten haben in den letzten Jahrzehnten verstärkt Aufmerksamkeit gefunden durch Autoren wie Anna Gavalda, Didier Daeninckx, J.M. Le Clézio, Michel Tournier, Annie Saumont oder Jean Vautrin. Die Textsorte ist nicht immer eindeutig abzugrenzen. Philippe Delerme untertitelt einen Kurzgeschichtenband mit „Tableaux et Bavardages" und hebt damit den deskriptiven Charakter seiner Geschichten hervor.[22] Bernard Friot nennt seine Kurzgeschichten, die thematisch in pointierter und witziger Weise die Probleme Jugendlicher behandeln, „histoires pressées".[23] Textsammlungen wie die *Collection Librio* oder *Mille et une nuits* haben das Verdienst, dass die Textsorte neben dem Roman in Frankreich aufmerksam wahrgenommen wird und vor allem preisgünstig ist.

Die Arbeit mit einer Kurzgeschichte setzt im Unterricht häufig in der Übergangsphase zwischen der Arbeit mit didaktisierten Texten des Lehrwerks und der Arbeit mit authentischen Texten ein. Schüler werden so nicht nur mit authentischer Sprache und ihren verschiedenen Ausformungen in den Bereichen Lexik und Grammatik konfrontiert, sondern sie können sich auch vertraut machen mit dem Umgang mit einem Besprechungsvokabular, mit Formen der Textstrukturanalyse, können stilistische Mittel entdecken, zum Beispiel zur Personenbeschreibung oder Situationsschilderung. Das Lesen einer *nouvelle* bietet so einen guten Einstieg in die Welt der Literatur. Günstig ist es, in der Phase der Erstbegegnung kurze Texte auszuwählen, denn obwohl das Merkmal der Kürze scheinbar selbstverständlich ist, variiert der Umfang doch beträchtlich, sodass „Kürze" nur relativ in Abgrenzung zum Umfang eines Romans zu interpretieren ist.

Die Umstellung von den Lehrwerktexten auf authentische literarische Texte ist zu begleiten durch die Bereitstellung eines textspezifischen Besprechungsvokabulars sowie durch ein methodisches Vorgehen, das den Text nun nicht mehr vorrangig als Reservoir von zu lernenden lexikalischen und grammatischen Strukturen ausbeutet, sondern darauf abzielt, den Schüler affektiv und kognitiv herauszufordern, ihn zur eigenen kritischen Stellungnahme zu bewegen und ihm die Möglichkeit zu geben, sein Wissen von der Welt zu erweitern. Die Spracharbeit ordnet sich somit der inhaltlichen Dimension unter.

Die Arbeit an der Textsorte *nouvelle* bietet bei vielen Texten auch die Chance zu einer Öffnung für interkulturelles Lernen. Zahlreiche positive Erfahrungen liegen vor, wo im Zusammenhang mit der Lektüre einer Kurzgeschichte Briefkontakt mit der Autorin oder dem Autor aufgenommen und wo auf diese Weise eine zusätzliche Motivation zur Fortsetzung der Arbeit an literarischen Texten ausgelöst wurde.

Vocabulaire spécifique: La nouvelle

l'auteur
le narrateur
- le narrateur à la 1ère personne (Le «Je» domine. Le narrateur est l'acteur ou un témoin des événements)
- le narrateur à la 3e personne (l'histoire se raconte d'elle-même)

le récit
- un récit chronologique
- un récit rétrospectif (un retour an arrière)
- un récit prospectif (une anticipation)

le personnage principal / le / la protagoniste
le dialogue
la description

la situation initiale
l'élément perturbateur
la situation finale
le dénouement

Stratégies d'analyse: La nouvelle

- Essaie de comprendre le cadre situationnel.
- Quel est le système de narration?
- Qui sont les protagonistes?
- Rassemble les éléments du texte et tes impressions pour caractériser le(s) personnage(s):
  - le nom, la profession
  - les caractéristiques physiques
  - le caractère, la psychologie, le comportement
- Quel est le lieu?
- Quand les événements se passent-ils?
- Marque sur un schéma la suite des différents événements.
- Essaie de dire pourquoi l'auteur a écrit cette nouvelle:
  - Pour montrer un comportement particulier
  - Pour critiquer une attitude
  - Pour provoquer une émotion (tristesse, joie ...)
  - ...

Bibliografische Hinweise:

Evrard, Franck (1997), *La nouvelle.* Paris: Ed. Seuil.
Grojnowski, Daniel (1993), *Lire la nouvelle.* Paris: Dunod.
Der fremdsprachliche Unterricht Französisch 44 (2000). Themenheft „La nouvelle"

Textdokument: La Nouvelle

«Sahara» de Daniel Pennac

Le grand et le petit partageaient la même chambre. Le grand se levait toujours le premier.

– Tu restes au lit?

Le petit répondait:

– Je ne veux pas bouger.

En effet, même les lèvres du petit ne remuaient pas. Le grand demandait:

– A cause?

– Des atomes, répondait le petit.

Le petit ne voulait pas déranger les atomes. A l'école, sa maîtresse lui avait affirmé qu'un rien dérange les atomes et qu'ils se communiquent le mouvement jusqu'à l'autre bout du monde.

– Mais je bouge, moi!

Le grand se mettait à danser un machin apache qui le propulsait des ressorts de son lit jusqu'au sommet de l'armoire.

– Tu peux bouger tant que tu veux, répondait le petit, moi je ne veux pas déranger les atomes que tu déranges.

Quelquefois, il ajoutait, dans son immobilité de ventriloque:

– Je veux juste regarder.

Plus tard (le petit avait fini par se lever, certains de ses atomes réclamant la compagnie d'atomes chocolatés), le grand retrouvait le petit accroupi au fond du jardin, les yeux fixés sur la pierre d'angle des fraisiers.

– Qu'est-ce que tu fais?

– Je regarde la pierre.

Le petit expliquait:

– Si on la regarde bien, elle bouge, elle est vivante. On voit les atomes tourner sur eux-mêmes.

Plus tard encore, quand le grand eut passé son baccalauréat, il demanda au petit:
– Qu'est-ce que tu veux faire, quand tu seras grand?
– Grand comment?
– Grand comme l'Oncle, par exemple.
L'Oncle était vraiment très grand, avec des mains qui lançaient le petit très haut. L'Oncle avait des pieds comme des avions. L'Oncle passait très vite. Et, partout où passait l'Oncle, des immeubles poussaient, et des ponts, et des autoroutes ...
Ce matin-là, le soleil caressait doucement la pierre d'angle des fraisiers.
– Quand je serai grand, répondit le petit, je veux être Désert.
– Désert?
Le soleil révélait un lichen blond sur le dos de la pierre. Un velours perceptible aux seuls yeux du petit.
– Désert, répéta-t-il.
Et il précisa:
– Sahara.

Daniel Pennac, «Sahara» in Sol en si © Editions Gallimard

Didaktisch-methodische Überlegungen

Text: D. Pennac, Sahara

Schwierigkeitsgrad	B1+/B2

Didaktisches Potenzial des Textes

- Inhalt/Thema
  Der Text thematisiert die Beziehung zwischen zwei Jugendlichen. Sein besonderes Potenzial liegt in der Begegnung mit zwei Zukunftsvisionen Jugendlicher. Aufgrund des Alters der Jugendlichen und der Thematik kann man erwarten, dass die Schüler sich für den Text interessieren und sich mit der Problematik identifizieren.
- Sprache
  Der Text ist geprägt von kurzen Dialogsequenzen. Die Sprache ist einfach.
- Kompetenzbereiche
  Der Text eignet sich aufgrund seiner klaren Struktur zu einer sensiblen Einführung in die Analyse literarischer Texte. Er kann die Verfügung über sprachliche Mittel im Bereich der Argumentation sowie der Personenbeschreibung üben.
  Der Text bietet eine Grundlage für die persönliche Stellungnahme zu der Frage, wie man sich seine Zukunft vorstellt. Die Sensibilisierung für die Probleme Jugendlicher in Deutschland und Frankreich, eine Arbeit zu finden, ermöglicht ein interkulturelles Lernen.
  Im Bereich der Methodenkompetenz eignet sich der Text gut zur systematischen Kontrastierung von sprachlichen Elementen und Textstrukturen.

Voraussetzungen auf Lernerseite

- Lexik
  Ein Basiswortschatz wird vorausgesetzt. Weitere Wörter können von den Lernern erschlossen bzw. mit einem einsprachigen Wörterbuch in ihrer Bedeutung erarbeitet werden.
- Grammatik
  Es gibt für die angegebene Stufe B1+/B2 keine syntaktischen Schwierigkeiten. Wichtig ist die passive Kenntnis der Tempora.
- Lernstrategien/Analysetechniken
  Der Text setzt sich aus zwei Episoden zusammen (1–36 und 37–59). Die Arbeit an der Struktur der Kurzgeschichte sowie an einzelnen stilistischen Elementen (Metapher, Vergleich, Personifikation) kann geübt werden.

Ziele der Textarbeit

- Fähigkeit zum Erkennen einer Textstruktur entwickeln
- Aktives Verfügen über lexikalische und grammatische Strukturen zur Beschreibung von Menschen und ihrem Verhalten üben

- Interesse an neuen Gedanken und Welten, Offenheit und Interesse für Literatur entwickeln

Methodische Hinweise

- Einstieg
  Der Einstieg erfolgt über eine deutsche Stellenanzeige, die sich an einen Erwachsenen richtet und die zugleich das Motiv des Traums eines Jugendlichen aufnimmt (s. Beispiel).
- Hinweise zum Ablauf
  Das Dokument ist Ausgangspunkt für ein Lehrer-Schüler-Gespräch (in französischer Sprache) zum Thema „Berufsträume“. Anschließend Austeilen des Textes mit der Aufgabe „Analysez la structure du texte“.
  Daran schließen sich die Aufgaben an, die Jugendlichen zu charakterisieren sowie den überraschenden Berufswunsch des einen Jungen zu diskutieren.
- Sozialform
  Eröffnung der Stunde mit Frontalunterricht. Wechsel im Verlauf der Stunde zu Partnerarbeit und Stillarbeit.

Übungsvorschläge

Übungen zur Analyse literarischer Strukturen:

- „une immobilité de ventriloque“ (17)
- „des pieds comme des avions“ (32)
- „le soleil caressait doucement la pierre d'angle des fraisiers“ (34)
- „le soleil révélait un lichen blond sur le dos“ (37)

Aufgabenideen Typ 1

- Etablis une liste avec les dix professions qui t'intéresseraient et les dix que tu refuserais catégoriquement.
- Décris un lieu, un arbre, une maison en employant des adjectifs, des comparaisons et des métaphores.

Aufgabenideen Typ 2

- Mets-toi à la place du jeune qui rêve du Sahara. Il a finalement réalisé son rêve et il écrit cette carte postale à son frère qui est devenu ingénieur. Rédige la lettre!
- Fais une recherche sur le thème du monde du travail des jeunes en France et en Allemagne: Quelles sont les professions préférées des filles et des garçons? Quel est le taux de chômage parmi les jeunes? Quelles sont les formations les plus appréciées en France et en Allemagne? Prépare une documentation.

„Ich will mal Astronaut werden!"

Sie wollten schon immer hoch hinaus, aber den Bodenkontakt nicht ganz verlieren? Willkommen bei Endress+Hauser, der internationalen Marke für Mess- und Regeltechnik. Wir suchen Menschen mit Power.

Für unser Produktzentrum in Maulburg suchen wir eine/n

Fertigungsplaner/in Zentralfunktion (2124)

Als Mitarbeiter der zentralen Fertigungsplanung arbeiten Sie an der Erstellung und Umsetzung neuer Produktionskonzepte mit. Weiter führen Sie Optimierungsprojekte für verschiedene Produktionsbereiche im In- und Ausland durch. Ein wichtiger Schwerpunkt ist die Betreuung der Fertigungsplaner in den unterschiedlichen Bereichen des Unternehmens hinsichtlich des Einsatzes von SAP R/3. Dies betrifft die aktuell genutzten Werkzeuge ebenso wie deren Verbesserung. Zu diesen Punkten führen Sie Schulungen für die anderen Fertigungsplaner durch.

Sie sind Techniker oder Meister und verfügen über eine langjährige Berufserfahrung im Bereich Fertigungsplanung. Ihre SAP R/3-Kenntnisse sind gut. Idealerweise können Sie zudem Produktionserfahrung im Umfeld Elektronik und Montage mit kleinen Losgrößen vorweisen.

Ihre Fragen zu dieser Aufgabe beantwortet Ihnen gerne in einem ersten telefonischen Kontakt Herr Carsten O'Beirne (Tel.: 07622/28-1654).

Herausfordernde Aufgaben in einem angenehmen Arbeitsumfeld, in dem Sie Ihre Selbstständigkeit und Ihr unternehmerisches Engagement beweisen können, sowie leistungsgerechte Bezahlung sind unser Beitrag zu einer guten Zusammenarbeit.

Haben Sie Interesse an einer neuen Herausforderung in einem innovativen Unternehmen? Dann freuen wir uns darauf, Sie kennen zu lernen. Bitte schicken Sie uns Ihre Bewerbungsunterlagen unter Angabe der Position und Kennziffer, des frühestmöglichen Eintrittstermins und Ihrer Gehaltsvorstellung.

Endress+Hauser GmbH+Co.KG
Personalabteilung/Dietmar Brandis
Hauptstraße 1
79689 Maulburg
info@pcm.endress.com
www.pcm.endress.com

Endress+Hauser
The Power of Know How

6.3 Textes poétiques

Les textes poétiques im Französischunterricht

Macht es noch Sinn, für den Einsatz poetischer Texte (Gedicht, Fabel) im Fremdsprachenunterricht zu plädieren? Viele Kolleginnen der Sekundarstufe I haben es frustriert aufgegeben, Gedichte zum Gegenstand des Unterrichts zu machen mit der Begründung, die Schüler interessierten sich nicht für das Genre.

Abgesehen vom frühen Fremdsprachenunterricht, wo die Lerner gerne und bereitwillig singen und kleinere Gedichte auswendig lernen, ist nicht zu bestreiten, dass man mit der Textsorte Gedicht erst einmal auf große Vorbehalte bei den Lernern stößt. Diese Haltung ist aber mehrheitlich nicht durch Vorerfahrungen im Französischunterricht, sondern durch negative Erfahrungen im Fach Deutsch begründet. Es kommt also darauf an, Schülern zu zeigen, dass poetische Texte in vielfältigen Formen (Lied, Rap, Werbetexte) zu ihrer Alltagskultur gehören. Ein genereller Verzicht auf poetische Texte wäre nicht nur eine Verarmung des Unterrichts, sondern er würde einen wichtigen Bereich der kulturellen Realität der Zielsprache ausschließen, was nicht zu verantworten wäre. Trotz der Forderung nach sprachlicher Kompetenzausbildung braucht der Französischunterricht Stunden, in denen ästhetische und persönlichkeitsbildende Elemente den Vorrang haben. Vor dem Hintergrund, dass das Französische als globales Kommunikationsmittel an Bedeutung verloren hat, ist es wichtig, den Fokus auf den Mehrwert zu lenken, der mit dem Lernen des Französischen für die Ausbildung der Persönlichkeitskompetenz verbunden ist. Dazu können die Inhalte von poetischen Formen (Gedichte, Chansons, Fabeln) und die Aktivitäten, die mit der Arbeit mit ihnen verbunden werden können, vielfältige Anlässe bieten.

Traditionelle methodische Rezeptionsansätze, die in Aufgaben einerseits formale Elemente fokussieren, und die andererseits ausgerichtet sind auf das Ziel einer allgemein gültigen Interpretation, lassen die Lerner in besonderer Weise die Kluft spüren zwischen ihrem Wissen, ihren Erfahrungen auf der einen Seite und der vom Lehrer durchschauten Textvorlage auf der anderen. Lernen, verstanden als interaktiver Vorgang, wird nicht durch ein mehr oder weniger systematisches „Hineininterpretieren" erreicht, geschweige denn erfolgreich sein. Vielmehr ist der poetische Text wie auch ein Bild als ein Angebot und eine Aufforderung an den Lerner zu verstehen, sich neue Einsichten zu verschaffen über einen Abgleich des eigenen Wissens mit den Aussagen und Informationen eines Gedichts.

Diese Interaktion läuft erst einmal nicht über die Beschreibung von Versmaßen und Reimschemata, sondern über das Formulieren von Fragen, die die Form und der Inhalt eines poetischen Textes im Lerner hervorrufen.

Vocabulaire spécifique: Textes poétiques

le poème
la fable
l'auteur/le poète

le sujet
le sentiment
une expérience
une observation

le titre
la strophe
le vers

la rime
rimer
l'atmosphère (f.)
le rythme
la sonorité

le symbole
une image
une métaphore
une comparaison

In der Ermutigung zum Fragenstellen liegt ein wichtiger Schlüssel, um eine Annäherung zwischen dem Text und dem Lerner anzubahnen. Dafür kann die nachfolgende Checkliste einen ersten Einstieg bilden.

Lernstrategien: Textes poétiques

Un texte poétique povoque très souvent plus de questions qu'il ne donne de réponses.
Pose pour chaque champ d'observation deux questions (ou plus)

Ce que je vois: La structure du texte
- Des strophes
- Des strophes de longueur différente
- Des phrases longues/courtes
- Des signes de ponctuation
    Question:
    Question:

Ce que j'entends: La forme du texte
- Des rimes
- Des mots qui commencent par le même son
- Des répétitions de mots
- Un rythme lent/rapide
  Question:
  Question:

Ce que je comprends déjà
- Le titre
- Mots-clés
- Des comparaisons
- Un symbole
- Une personnification
- Une métaphore
- Qui parle
    Question:
    Question:

Die Erfahrung zeigt, dass es für die Schülermotivation durchaus hilfreich ist, wenn man bei einem poetischen Text die Analyse nicht bis in die Bedeutungszuweisung der letzten Anapher vorantreibt, sondern wenn man zwar einen Teil der Analyse in der Unterrichtsstunde zusammen vornimmt, dann aber einen weiteren Teil für eine (mögliche) individuelle Beschäftigung des Schülers zu Hause reserviert.

Und was die leidige Frage des Auswendiglernens betrifft: Ein kurzes Gedicht wie das von Pierre Albert Birot bedarf nicht des Hinweises, dass es auswendig gelernt werden kann. Jeder Schüler hat am Ende der Unterrichtsstunde nicht nur eine eigene Überschrift für sich formuliert, sondern er kann das Gedicht auch auswendig, weil von den Fragen aus dem Strategienkatalog immer wieder der Rückbezug auf die Verse und Wörter erfolgte.

L'herbe dites-vous
Ne fait aucun bruit pour pousser
L'enfant pour grandir
Le temps pour passer
Vous n'avez vraiment pas l'oreille fine.

Pierre Albert Birot
(1876–1967)

Bibliografische Hinweise:
Camenisch, Anni/Weber, Edith (2001), *Usage poétique de la langue.* Paris: Bordas.
Jean, Georges (1997), *Comment faire découvrir la poésie à l'école.* Paris: Retz.
Lamblin, Christian (2002), *Poésies et jeux de langage.* Paris: Retz.
Der fremdsprachliche Unterricht-Französisch 27 (1997) Themenheft „Découvrir la poésie«.
Der fremdsprachliche Unterricht-Französisch 71 (2004) Themenheft «poésies».

Textdokumente: Textes poétiques[25]

De la difficulté qu'il y a à imaginer une Cité idéale

Je n'aimerais pas vivre en Amérique mais parfois si
Je n'aimerais pas vivre à la belle étoile mais parfois si
Je n'aimerais pas vivre dans le cinquième mais parfois non
Je n'aimerais pas vivre dans un donjon mais parfois si
Je n'aimerais pas vivre d'expédients mais parfois si
Je n'aimerais pas vivre en France mais parfois non
Je n'aimerais pas vivre dans le Grand Nord mais pas trop longtemps
Je n'aimerais pas vivre dans un hameau mais parfois si
Je n'aimerais pas vivre à Issoudun mais parfois si
Je n'aimerais pas vivre sur une jonque mais parfois si
Je n'aimerais pas vivre dans un ksar mais parfois si
J'aurais bien aimé aller sur la Lune mais c'est un peu tard
Je n'aimerais pas vivre dans un monastère mais parfois si
Je n'aimerais pas vivre au «Négresco» mais parfois si
Je n'aimerais pas vivre en Orient mais parfois si
J'aime bien vivre à Paris mais parfois non
Je n'aimerais pas vivre au Québec mais parfois si
Je n'aimerais pas vivre sur un récif mais parfois si
Je n'aimerais pas vivre dans un sous-marin mais parfois
Je n'aimerais pas vivre dans une tour mais parfois si
Je n'aimerais pas vivre avec Ursula Andress mais parfois si
Je n'aimerais pas vivre vieux mais parfois non
Je n'aimerais pas vivre dans un wigwam mais parfois si
Je n'aimerais pas vivre à Xanadu mais même, pas pour toujours
Je n'aimerais pas vivre dans l'Yonne mais parfois si
Je n'aimerais pas que nous vivions tous à Zanzibar mais parfois si

Georges Pérec, Penser/- Classer coll. Librairie du XXè et du XXiè siècle, © Edition du Sevil, 2003

Recette

A Georges Somlyo

Prenez un toit de vieilles tuiles
Un peu après midi.

Placez tout à côté
Un tilleul déjà grand
Remué par le vent,

Mettez au-dessus d'eux
Un ciel de bleu, lavé
Par des nuages blancs.

Laissez-les faire.
Regardez-les.

Guillevic

Didaktisch-methodische Überlegungen

Beispiele: ***Pérec: De la difficulté ... /***
Guillevic: Recette

Schwierigkeitsgrad	A2

Didaktisches Potenzial der Texte

- Inhalt/Thema
  Der Textvorschlag ist von der Idee geleitet, den Schülern eine Auswahl an poetischen Texten zu bieten. Die beiden Texte weisen einen etwa identischen Schwierigkeitsgrad auf, aber sie sind in ihrem Aufbau und Inhalt sehr unterschiedlich. Beiden gemeinsam ist, dass Wünsche eines Menschen artikuliert werden.
- Sprache
  Es gibt keine Besonderheiten lexikalischer oder grammatikalischer Art.
- Kompetenzbereiche
  Beide Gedichte bieten kaum eine Grundlage für eine Erweiterung im lexikalisch-grammatischen Bereich. Hingegen sind sie gut geeignet, um argumentatives Sprechen (persönliche Stellungnahme) anzuregen.
  Beide Texte bieten auch die Möglichkeit für einen landeskundlich-interkulturellen Vergleich.

Voraussetzungen auf Lernerseite

- Lexik
  Pérec: Zahlreiche Orts- und Eigennamen sowie einige Ortsbezeichnungen (hameau, jonque, monastère, récif, sous-marin, wigwam) müssen geklärt werden. Hier bietet sich die Gelegenheit zum Einstieg in die Wörterbucharbeit an.
  Guillevic: wenige Wörter, die unbekannt sein könnten (tuile, tilleul, remuer). Möglichkeit der Wiederholung der Lexik zu Elementen der Natur von der Erde bis in den Himmel.
- Grammatik
  Pérec: Struktur Konditionalform + Infinitiv
  Guillevic: Imperativ
- Lernstrategien/Analysetechniken
  Pérec: Der Text eröffnet die Möglichkeit zu analysieren, warum jeweils eine Sache erträumt wird und dann aber wieder eine Einschränkung erfolgt.
  Guillevic: Analysemöglichkeiten bieten sich in folgenden Bereichen an:
- A qui parle le poète?
- Il y a des mouvements dans le poème. Lesquels?
- Le rôle des adjectifs

Ziele der Textarbeit

- Strategien zum lesenden Verstehen und zur Analyse eines Gedichts
- Anwendung eines textspezifischen Besprechungsvokabulars
- Abbau von Vorbehalten gegenüber poetischen Texten
- Spaß am Lesen von poetischen Texten in der Fremdsprache wecken

Methodische Hinweise

- Einstieg
  Den Schülern zwei Schlüsselwörter anbieten: rêve und recette. Weitere Gedanken, Wörter dazu sammeln. Dann Entscheidung der Schüler für das eine oder andere Gedicht und Verteilung der Gedichte.
- Hinweise zum Ablauf
  Stilles Lesen. Strategievorlage zur Analyse anwenden lassen. Auswertung und Vertiefung mit jeder Gruppe.
- Sozialform
  Eröffnung der Stunde mit Frontalunterricht. Wechsel im Verlauf der Stunde zu Stillarbeit und arbeitsteiliger Gruppenarbeit.

Übungsvorschläge

Es gibt keine Notwendigkeit für spezielle lexikalisch-grammatische Übungen.

Aufgabenideen Typ 1

Gruppe Pérec: Ecrivez dix phrases d'après le schéma poétique de Pérec.

Gruppe Guillevic: Choisissez dix mots de la ville (voiture, poste...) et mettez-les dans une recette.

Aufgabenideen Typ 2

Gruppe Pérec:

- Il n'y a pas seulement Pérec qui a pensé à une cité idéale. Recherchez sur Internet sous «cité idéale» et élaborez une affiche murale avec vos résultats.
- Faites ensemble un dessin de votre cité idéale.
- Chaque élève du groupe décrit – à la manière de Pérec – sa cité idéale. Ajoutez des dessins personnels, photocopiez votre travail et reliez les textes pour en faire un petit livre.

Gruppe Guillevic:

- Le poète a écrit beaucoup de poèmes. Cherchez sur Internet des détails sur sa vie et sur son œuvre. Préparez une affiche murale avec les dates et quelques poèmes.
- Chaque élève écrit un poème sous forme de recette et l'illustre pour en faire un recueil.
  - Lancez un concours photo et/ou texte poétique dans votre établissement: le sujet «Recette».

6.4 Le théâtre

Theatertexte im Französischunterricht

Ein Blick in ältere Jahrgänge fachdidaktischer Zeitschriften macht deutlich, dass zum Beispiel in den 70er Jahren eine Vielzahl von Einzelbeiträgen der Behandlung dramatischer Texte im Französischunterricht gewidmet war. Diese Situation hat sich bis heute sehr verändert. Mit Ausnahme der Themenhefte der Zeitschrift der *Fremdsprachliche Unterricht – Französisch*, in denen unter dem Titel *Du jeu de rôle au théâtre* (1992) sowie *Le rideau se lève* (1998) eine fachdidaktische Positionsbestimmung des Genre vorgenommen und Praxiserfahrungen weiter gegeben wurden, sowie dem Themenheft *Theaterformen im Fremdsprachenunterricht* (1991) der Zeitschrift *Die Neueren Sprachen* gibt es keine nennenswerten Veröffentlichungen, die dem Einsatz von Theatertexten im Französischunterricht, seien es nun Komödien oder Tragödien, gewidmet sind.

Dieses Ausblenden eines wichtigen Bereichs des literarischen Schaffens in französischer Sprache zu erklären fällt nicht leicht. Sicher ist die Gegenwart des französischen Theaters nicht vergleichbar mit den markanten Œuvres der Nachkriegsepoche, die mit Namen wie Anouilh, Giraudoux, Sartre oder Ionesco verbunden ist. Aber abgesehen davon, dass es selbst einige dieser Stücke wert sind, im Unterricht behandelt zu werden, muss man auch darauf hinweisen, dass es natürlich zeitgenössische Theaterstücke gibt, die aus der Feder von Autoren wie Enzo Cormann oder Marie NDiaye stammen und die eine Rezeption auch durch eine Bearbeitung im Unterricht verdienen.

So verständlich es auf der einen Seite sein mag, dass die klassischen Stücke von Molière, Racine oder Corneille heute nur noch in Ausnahmefällen im Unterricht lesend zu bewältigen sind angesichts einer verbreiteten Lektüreresistenz der heutigen Schülergeneration, so klar muss doch auch darauf hingewiesen werden, dass die „Klassiker" nicht nur als Ausweis der französischen Theaterentwicklung, sondern als Zeugen einer europäischen Tradition ihren Platz in einem Französischunterricht verdienen, der sich in seinem Bildungsauftrag durch Texte profiliert, die die Spanne von den *bandes dessinées* bis hin zu den klassischen Theaterstücken ausfüllt.

Und schließlich ist darauf hinzuweisen, dass Theaterstücke erstens hervorragend geeignet sind, um der Forderung nach interkulturellem Lernen zu entsprechen. Zweitens aber bieten sie die Chance, angesichts des nach wie vor bestehenden Primats der mündlichen Kommunikation, mit den Schülern „ein[en] Fremdsprachenunterricht mit Theaterelementen, in dem das Sprechen von Körperlichkeit und Emotionalität getragen wird" (Spaeth-Goes/Jauch 1998, S. 8), zu realisieren.

Die kurze Skizze zur Bedeutung von dramatischen Texten für den Sprachunterricht macht deutlich, dass es von der Sache her eigentlich keine Argumente gibt, diese Textsorte zu ignorieren. Hingegen gibt es verständliche Vorbehalte angesichts einer Schülergeneration, die in ihrem Anspruch, „Sinnvolles" zu machen, möglicherweise nicht genügend offen und motiviert für eine Arbeit an Theatertexten zu sein scheint. Dieser Haltung offensiv zu begegnen und sie als Herausforderung zu begreifen kann dann zu einer erfolgreichen Lehr- und Lernerfahrung werden, wenn man folgende organisatorische Überlegungen anstellt und begleitende Hilfen vorbereitet:

- Lernerorientierte Textauswahl bei der Frage Komödie vs. Tragödie
- Textausgabe auswählen und Entscheidung für Besprechung des ganzen Stückes oder partielle Lektüre
- Recherche zur medialen Ergänzung (DVD, Tondokumente)
- Bereitstellung eines Besprechungsvokabulars

Hinzu kommt bei der konkreten Unterrichtsplanung die Festlegung der Zielperspektive der Arbeit, die zum Beispiel folgende Optionen umfassen kann:

- Einblick gewinnen in die gesellschaftliche Situation einer Epoche in Frankreich (Molière: Le Bourgeois Gentilhomme)
- Erarbeiten der formalen Merkmale einer Komödie / Tragödie
- Interkulturelle Sensibilisierung
- Lektüre mit der Absicht einer Inszenierung
- Auseinandersetzung mit der politischen oder sozialen Aussage des Stückes

Vor der Arbeit mit einem Theatertext muss den Schülern ein Besprechungsvokabular zur Verfügung gestellt werden.

Vocabulaire de base: le théâtre

la comédie	pièce destinée à faire rire le public. Des personnages de la vie quotidienne
la tragédie	pièce dramatique qui a pour thème un sujet qui se réfère à l'histoire, à des problèmes de l'humanité ou à des mythes
le théâtre classique	caractérisé par la règle des trois unités (Boileau): un lieu, un jour, une seule action
le théâtre contemporain	théâtre de l'après-guerre qui veut faire réfléchir le public en le confrontant à des questions philosophiques, politiques ou morales
le comédien, l'acteur	
la comédienne, l'actrice	personne qui joue un personnage
la scène	l'endroit où les acteurs apparaissent
le décor	représentation de l'endroit où se joue la pièce (une chambre, une forêt ...)
la pièce (de théâtre)	
l'acte (m.)	la pièce se compose de plusieurs actes
la scène	l'acte est composé de plusieurs scènes
l'intrigue (f.)	les événements qui forment l'action de la pièce
le suspense	l'attente (dt. die Spannung).
le point culminant	le moment le plus important dans une pièce
la péripétie	un changement subit de l'action dramatique
les didascalies (f.)	les informations explicites pour les comédiens, les lecteurs et le metteur en scène concernant: – la manière de dire le texte – le décor – les gestes – les accessoires (costumes, musique ...)
les répliques	les mots/phrases prononcés par les comédiens
une tirade	une réplique très longue
un monologue	une personne parle seule
un monologue intérieur	la verbalisation (expression orale) d'une réflexion intérieure
l'aparté (m.)	mot ou parole dit uniquement pour les spectateurs en cachette des autres acteurs
une dispute	une discussion forte sur scène

Bibliografische Hinweise:

Stalloni, Yves (2003), *Les genres littéraires.* Paris: Nathan Pierra, Gisèle. *Une esthétique théâtrale en langue étrangère.* Paris: Harmattan, 2001.
Ryngaert, Jean-Pierre (1996), *Le jeu dramatique en milieu scolaire.* Bruxelles: De Boeck Université.
Ryngaert, Jean-Pierre (1993), *Lire le théâtre contemporain.* Paris: Dunod.
Ubersfeld, Anne (1996), *Les Termes clés de l'analyse du théâtre.* Paris: Seuil.

Textdokument: Theaterszene

PROLOGUE[1]
DEUX ÔTÉS DE SEPT

Une classe d'école primaire, dans les années soixante.

LE MAÎTRE. – Cairn, la mesure est comble! Venez ici! *(Cairn enfant gagne le bureau du maître.)* Table de huit non sue, Cairn. Devoirs non faits. Monsieur bavarde, monsieur dérobe les effets personnels de ses camarades. Et pour couronner le tout, monsieur rit!

CAIRN ENFANT. – Je ne ris pas, monsieur.

LE MAÎTRE. – Et menteur, avec ça!

CAIRN. – Je ne mens pas, monsieur.

LE MAÎTRE. – Et insolent! Taisez-vous, Cairn! N'aggravez pas votre cas pour le seul plaisir d'épater vos camarades. Faites plutôt le compte avec la classe: leçon non sue.

LA CLASSE. – Un!

LE MAÎTRE. – Devoir non fait.

LA CLASSE. – Deux!

LE MAÎTRE. – Bavardage.

LA CLASSE. – Trois!

LE MAÎTRE. – Larcin.

LA CLASSE. – Quatre!

LE MAÎTRE. – Rire.

LA CLASSE. – Cinq!

LE MAÎTRE. – Mensonge.

LA CLASSE. – Six!

LE MAÎTRE. – Insolence.

LA CLASSE. – Sept!

LE MAÎTRE. – Comme les sept péchés capitaux, Cairn. *(Il brandit une règle en bois.)* Connaissez-vous ceci, Cairn?

CAIRN. – Oui, monsieur.

LE MAÎTRE. – Dites à la classe de quoi il s'agit.

CAIRN. – Une règle, monsieur.

LE MAÎTRE. – Rappelez à la classe à quoi sert, d'ordinaire, une règle.

CAIRN. – À tirer des traits, monsieur.

LE MAÎTRE. – Parfaitement, Cairn. À l'aide de cette règle, je me propose de tirer un trait sur votre indiscipline. Dites à la classe comment je compte m'y prendre.

CAIRN. – Vous allez me demander d'approcher.

LE MAÎTRE. – Approchez, Cairn. *(Cairn s'approche.)* Ensuite?

CAIRN. – Vous allez me demander de présenter ma main droite.

LE MAÎTRE. – Main droite, Cairn. *(Cairn s'exécute.)* Et puis? *(Cairn ne répond pas.)* Répondez, Cairn!

CAIRN. – Vous allez me –

LE MAÎTRE. – Plus fort, Cairn, on ne vous entend pas!

CAIRN. – Me taper sur les doigts.

(La règle s'abat. Cairn crie de douleur.)

LA CLASSE. – Un!

(Cairn tente de juguler la douleur en enserrant ses doigts dans sa main gauche.)

LE MAÎTRE. – Pas de simagrées, Cairn! Table de huit non sue! Combien font trois fois huit? Répondez, Cairn!
CAIRN. – J'étais malade!
LE MAÎTRE. – «J'étais malade» n'est pas un chiffre, Cairn. *(À la classe.)* – mais une – ?
LA CLASSE. – Phrase!
LE MAÎTRE. – Parfaitement. *(À Cairn.)* Main gauche.
CAIRN. – Demandez à ma mère!
LE MAÎTRE. – Votre mère m'a donné carte blanche. Carte blanche, Cairn. Rappelez-vous, il n'y a pas une semaine, votre mère, ici même: «Vous avez carte blanche. monsieur Fèvre ! J'ai tout essayé, monsieur Fèvre! Rien n'y fait, monsieur Fèvre! En l'absence de son père, une vraie tête de lard, monsieur Fèvre!» L'a-t-elle dit, oui ou non? Répondez, Cairn!
CAIRN. – Oui.
LE MAÎTRE. – Rappelez donc, je vous prie, à la classe, pourquoi votre père est absent, Cairn.
CAIRN. – Il est en Algérie.

[1] La scène pourra être enregistrée (vidéo, noir et blanc), et projetée, par exemple, sur le rideau de fer baissé.

Enzo Cormann – Ecrits

CAIRN
2003

Une vingtaine de personnages, pour 9 à 12 acteurs.

UNE PIÈCE FIN DE SIÈCLE
(Article paru dans „Les Cahiers du Théâtre", Revue trimestrielle de la Comédie Française. Été 2000.)
Cairn est le héros de Cairn, et il porte ce nom de „cairn" qui désigne un tumulus, un tas de pierres que les voyageurs et les explorateurs dressent comme trace de leur passage, comme point de repère. Cairn est à l'école primaire quand son père est tué en Algérie pendant la guerre d'indépendance: il est, trente-sept ans plus tard, leader syndical dans une usine de poêles et de cuisinières à l'heure de la „mondialisation". La pièce est l'histoire du destin de ce héros rebelle. Quel est ordinairement le destin d'un „rebelle"? Révolutionnaire, poète ou homme de pouvoir. Cairn raconte l'histoire d'une rébellion qui ne se convertit en aucune de ces trois figures. Et c'est ainsi qu'elle pose des petits tas de pierres dans le siècle écoulé.
C'est une pièce qui n'aura peut-être pas de „chance": elle tombe mal. Parlant de notre temps, elle est intempestive. Contre le „tableau" – voyez ces personnages habilement croqués, ces situations cocasses ou terribles –, elle fait le pari de l'épopée: suivez ce mouvement, comprenez ces transformations, butez sur ces contradictions ... Les petites histoires domestiques, les petites subversions convenues, les petites perversions à la mode, les petites descriptions sans conséquences, les petites dérives pittoresques abondent dans la dramaturgie (théâtre et cinéma) contemporaine; Cairn tranche en faisant tomber les murs pour que le „monde" soit sujet de son histoire ...
Le deuxième intérêt de cette pièce – et ces deux-là suffiront – est son style: c'est une pièce qui „exagère". Elle tranche avec le bon ton à l'ancienne dont les régurgitations se font rare, et avec le bon ton progressiste qui domine. Oui, elle n'a pas de „chance" ... En quoi exagère-t-elle? En ce qu'elle rompt avec le réalisme et l'allégorie. Elle ne reproduit pas la réalité, elle la grime, et elle refuse l'abstraction du symbole. Avec l'histoire que Cairn raconte, on pourrait faire un téléfilm, c'est-à-dire la réduire à la banalité homogène de nos représentations, mais elle reste „indigeste" grâce a son style. Quel est-il? En deux mots: grotesque et poésie, sachant que „grotesque" n'est pas bouffonnerie complice, et „poésie", charme du crépuscule. Grotesque et poésie, ce qui nous manque ...

Jean-Loup Rivière

Les Cahiers du Theâtre, revue trimestrielle de théâtre de la Comédie Française

Arles Sud, été 2000, n°36

Ecriture: 1998.
Premières représentations: mai 2003, Célestins – Théâtre de Lyon, mise en scène Claudia Stavisky

Didaktisch-methodische Überlegungen

Beispiel: *Enzo Cormann: Cairn*

Schwierigkeitsgrad	B2

Didaktisches Potenzial des Textes

- Inhalt/Thema
  Die Szene des Stücks spielt in einer Schulstunde der 60er Jahre. Der Textausschnitt hat wegen der dargestellten Schulsituation ein hohes Identifikationspotenzial. Die für die Schüler ungewohnte Brutalität der Lehrer-Schüler-Beziehung ist zugleich geeignet, eine Diskussion zur Frage von schulischer Erziehung mit den Schülern anzuregen.
- Sprache
  Es handelt sich um gesprochene Sprache, die lexikalisch wenig Schwierigkeiten aufweist, die aber in ihrer pragmatischen Dimension (Ironie, Sarkasmus auf der einen Seite, Angst auf der anderen) verstanden werden muss.
- Kompetenzbereiche
  Im Vordergrund steht das interkulturelle Verstehen der Lehrer-Schüler-Beziehung, wie sie in der Szene zum Ausdruck kommt. Macht und Ohnmacht, Brutalität und Angst bilden die Eckpunkte für eine Diskussion zur Frage, ob und warum solche Situationen zwischen Menschen auftreten. Der Hinweis auf den Tod des Vaters in Algerien ist nicht nur für das Verständnis des Kindes wichtig, sondern eröffnet die Möglichkeit, die textimmanente Interpretation auf die politische Dimension der Aussage auszuweiten.

Voraussetzungen auf Lernerseite

- Lexik
  Es müssen lexikalische Strukturen für die Beschreibung menschlichen Verhaltens und die Verbalisierung eigener Empfindungen eingeführt sein.
- Grammatik
  In Abhängigkeit von den Aufgaben sollten die wesentlichen grammatischen Strukturen verfügbar sein.
- Lernstrategien/Analysetechniken
  Wichtig ist, dass die Schüler bereit sind, sich mit der Szene sowohl emotional als auch kognitiv auseinander zu setzen und über Techniken der Analyse dramatischer Texte verfügen.

Ziele der Textarbeit

- Verstehen der Szene
- Kognitive und affektive Fähigkeit und Bereitschaft zur Diskussion in der Fremdsprache
- Interesse am Theater und am Lernen

Methodische Anregungen

- Einstieg
  Als Einstieg kann eine aktuelle Situation aus dem Schulalltag (abweichendes Verhalten und Sanktion) gewählt oder das Gedicht von Jacques Prévert *Le Cancre* vorgelesen und kurz diskutiert werden.
- Hinweise zum Ablauf
  Der Text sollte ausgeteilt und individuell in Stillarbeit von den Schülern bearbeitet werden. Aus dem offenen Lehrer-Schüler-Gespräch zu den Rückmeldungen (Que pensez vous? Qu'est-ce que vous avez senti pendant la lecture?) können dann einzelne Schwerpunkte der weiteren Analyse der Szene abgeleitet werden.
- Sozialform
  Zu Beginn der Stunde Lehrer-Schüler-Gespräch. Wechsel dann zur individuellen Stillarbeit, gefolgt von der Auswertungsphase im Lehrer-Schüler-Gespräch. Anschließend Arbeit in themenspezifischen Arbeitsgruppen.

Übungsvorschläge

- Lecture à haute voix de la scène. Discussion sur l'expression verbale.
- Présentation libre de la première intervention du maître.

Aufgabenideen Typ 1

Le nom donné à la personne qui enseigne a changé au cours des siècles. Compare les implications des mots suivants «Maître», «Instituteur», «Professeur des écoles».

Aufgabenideen Typ 2

- Chaque école a un règlement intérieur. Rélisez le vôtre et posez-vous la question s'il y a la nécessité d'une actualisation.
- Souvent, les grandes entreprises élaborent des codes éthiques pour leurs employés. Essayez de vous renseigner sur Internet en cliquant sur le nom d'une entreprise et en poursuivant la recherche sous le mot-clé «culture d'entreprise».
- Discutez entre vous et faites une liste des rites, c'est-à-dire des habitudes et des comportements qui ne sont pas écrits mais qui sont respectés par tous.
- A la fin du texte, l'élève répond que son père est mort en Algérie. Renseignez-vous sur les rapports entre la France et l'Algérie dans le passé.
- Faites une recherche sur Internet sur les moyens de sanctions à l'école dans différents pays.
- Jouez la scène.

6.5 Le roman

Der Roman im Französischunterricht

Die Lektüre eines Romans gehört aus mehreren Gründen zu den unverzichtbaren Herausforderungen des fortgeschrittenen Französischunterrichts. Wenn es denn stimmt, was einzelne Lehramtsstudierende sagen, dass sich mit Ausnahme von Saint-Exupérys *Le Petit Prince* und Joffos *Un sac de billes* die Begegnung mit Romanen in französischer Sprache auf einzelne fotokopierte Seiten verschiedener Werke beschränkt habe, dann soll dieser Zustand an dieser Stelle einmal mehr und deutlich kritisiert werden.

Man mag darauf verweisen, dass der Gemeinsame Europäische Referenzrahmen die Arbeit mit literarischen Texten kaum thematisiert. Man mag sich auf die in den Bildungsstandards vornehmlich favorisierte sprachliche Kompetenzorientierung berufen. Man kann schließlich auf die so mangelhafte Lesekompetenz in der Muttersprache verweisen, die eine Lektüre eines umfangreichen Romans in der Fremdsprache für alle Beteiligten zur Qual mache. Allein diese Gründe dürfen nicht dazu führen, im fortgeschrittenen Französischunterricht auf die Arbeit mit Romanen zu verzichten. Der Bildungsauftrag des Faches liegt nicht ausschließlich in der Ausbildung von instrumentellen Kompetenzen für die Bewältigung sprachlicher Alltagskommunikation. Er bezieht sich auch auf die Ausbildung von Werten und Verhaltensweisen, wie sie über die Konfrontation mit fiktionalen Lebensentwürfen als konstitutivem Inhaltselement von Romanen erfahrbar sind. Und es gibt weitere Gründe für das Lesen von Romanen. Das Bewusstsein für Zustände einer Gesellschaft, für Entwicklungen und Veränderungen in der Zeit lässt sich in Verbindung mit einer Romanlektüre ausbilden. Das Wissen um die Bedeutung von Sprache zur Wirklichkeitskonstruktion kann über das Lesen eines Romans ebenso ausgebildet werden wie das Gespür für die Notwendigkeit eines geduldigen Voranschreitens und intensiven Leseaktes. Letzteres wäre ein ungewohntes Gegenmodell zu einer Erfahrung mit der Wirklichkeit, wo Schnelligkeit und Flüchtigkeit als optimale Handlungsmuster gehandelt werden.

Natürlich hat die Bemerkung ihre Berechtigung, mit der Daniel Pennac *Comme un roman* (1992, S. 13) einleitet und die lautet: „Le verbe lire ne supporte pas l'impératif." Sie kann aber nicht als Aufruf zum Verzicht auf eine Auseinandersetzung mit literarischen Texten und eine Absage an den Roman als Klassenlektüre gelesen werden. Sie ist vielmehr so zu verstehen, dass die gemeinsame Lektüre eines Romans immer so zu gestalten ist, dass dem individuellen Lese- und Verstehensakt Raum gewährt sein muss. Der Grad der Intensität der Interaktion zwischen dem Leser und dem literarischen Werk kann ebenso wenig angeordnet werden wie die Form der individuellen Wissens- und Wirklichkeitskonstruktion, die der Schüler vornimmt.

Schon bei der Auswahl eines Romans spielen zahlreiche Gesichtspunkte mit. Soll und kann das Buch angeschafft werden? Wenn ja, besteht die Möglichkeit, auf den Bestand der Schülerbücherei zu verzichten. Ein wesentliches Kriterium ist der Schwierigkeitsgrad des Textes. Schulausgaben mit dem Originaltext, die nicht gekürzt sind, die aber mit Vokabelerklärungen versehen sind, bieten einen guten Kompromiss.

Die Thematik des Romans wird unter Berücksichtigung der Interessen der Lernergruppe sowie ihrer geschlechtlichen Zusammensetzung erfolgen.

Die Lektüre eines Romans muss vorbereitet werden. Kürzere literarische Texte können für elementare sprachliche und stilistische Merkmale sensibilisieren und zugleich Vertrauen in die Selbstwirksamkeit bei der Lektüre eines umfangreicheren Textes, wie es ein Roman ist, wecken. Auch Arbeitstechniken wie das Inferieren können an diesen kürzeren Texten eingeübt werden.

Inferieren bezeichnet einen Konstruktionsprozess, der auf unterschiedlichen Ebenen (Wortebene, Satzebene, Textebene) vorgenommen werden kann. Es ist der Prozess, der dem Menschen ermöglicht, „aufgrund seines Wissens Bestandteile von Informationen, die sich seiner Wahrnehmung entziehen, zu erschließen". (Wolff 2000, S. 95)

Es ist unumgänglich, sicher zu stellen, dass die Lerner nicht nur über ein Wörterbuch verfügen, sondern dass sie auch darin geübt sind, damit rationell und zügig umzugehen. Die rhetorischen Elemente können sukzessive bei der Lektüre selbst eingeführt werden. Wichtig ist, dass den jungen Lesern, die häufig unerfahren sind, Lesestrategien als Hilfestellung angeboten werden.

Stratégies de lecture: Le roman

Remarque: Il est indispensable de disposer
- d'un dictionnaire
- d'un surliner ou d'un crayon
- d'un cahier dans lequel tu notes toutes tes observations, même celles que le professeur ne demande pas.

Présentation générale
- Familiarise-toi avec la structure du roman. Est-ce qu'il y a des chapitres?
- Lis attentivement la préface ou l'avant-propos. Essaie de trouver quelles sont les informations importantes que donne le narrateur.

Les personnages
- Note tous les personnages. Réserve de la place pour compléter les informations pendant la lecture. Note des éléments du texte qui servent à caractériser les personnages. N'oublie pas de noter la page!

L'action
- Lis attentivement l'incipit, c'est-à-dire, le début du roman. Quel est donc l'état initial?
- Continue à noter successivement des événements qui mènent à des transformations/ à une évolution de cet état initial.

Le temps de l'histoire
- Essaie de comprendre quand et pendant combien de temps se déroule l'histoire.

La narration
- Qui raconte l'histoire?
- S'agit-il d'un narrateur à la 1ère personne (interne), à la 3e personne (externe)?
- Est-ce qu'il y a des parties rétrospectives, anticipatives, des ralentis?

Les caractéristiques du style
- Quelle est la construction des phrases (longues, courtes)?
- Quels sont les champs lexicaux qui dominent?
- Le nombre de comparaisons et de métaphores?
- L'importance des descriptions, des dialogues.

Ein wesentliches Anliegen der Arbeit muss es sein, durch diverse begleitende methodische Einfälle die Motivation für die Lektürearbeit immer wieder neu zu stärken. Dies kann zum Beispiel geschehen, indem parallel zu einzelnen Romanabschnitten Filmsequenzen gezeigt werden, indem ein Vergleich mit anderen kurzen Texten (faits divers) zu einzelnen Romanstellen vorgenommen wird, indem der Auftrag an die Schüler ergeht, eine Musik zu einer bestimmten Textstelle aus ihrem eigenen Repertoire auszuwählen, oder indem die Schüler – ausgehend von bestimmten Textstellen – kreative Texte (Zeitungsmeldungen, Briefe, Reportagen) schreiben.

Bibliografische Hinweise:
Becker, Colette u. a. (2000), *Le roman.* Rosny: Breal.
Combe, Dominique (1992), *Les genres littéraires.* Paris: Hachette.

Textdokument: Un extrait de roman[26]

VII

Sur un plat d'argent à l'achat duquel trois générations ont contribué, le saumon arrive, glacé dans sa forme native. Habillé de noir, ganté de blanc, un homme le porte, tel un enfant de roi, et le présente à chacun dans le silence du dîner commençant. Il est bien séant de ne pas en parler.
De l'extrémité nord du parc, les magnolias versent leur odeur qui va de dune en dune jusqu'à rien. Le vent, ce soir, est du sud. Un homme rôde, boulevard de la Mer. Une femme le sait.
Le saumon passe de l'un à l'autre suivant un rituel que rien ne trouble, sinon la peur cachée de chacun que tant de perfection tout à coup ne se brise ou ne s'entache d'une trop évidente absurdité. Dehors, dans le parc, les magnolias élaborent leur floraison funèbre dans la nuit noire du printemps naissant.
Avec le ressac du vent qui va, vient, se cogne aux obstacles de la ville, et repart, le parfum atteint l'homme et le lâche, alternativement.
Des femmes, à la cuisine, achèvent de parfaire la suite, la sueur au front, l'honneur à vif, elles écorchent un canard mort dans son linceul d'oranges. Cependant que rose, mielleux, mais déjà déformé par le temps très court qui vient de se passer, le saumon des eaux libres de l'océan continue sa marche inéluctable vers sa totale disparition et que la crainte d'un manquement quelconque au cérémonial qui accompagne celle-ci se dissipe peu à peu.
Un homme, face à une femme, regarde cette inconnue. Ses seins sont de nouveau à moitié nus. Elle ajusta hâtivement sa robe. Entre eux se fane une fleur. Dans ses yeux élargis, immodérés, des lueurs de lucidité passent encore, suffisantes pour qu'elle arrive à se servir à son tour du saumon des autres gens.

Moderato Cantabile, de Marguerite Duras, © 1958 Éditions de Minuit

Didaktisch-methodische Überlegungen

Beispiel: M. Duras: Moderato Cantabile, Chap. VII

Schwierigkeitsgrad	C1

Didaktisches Potenzial des Textes

- Inhalt/Thema
  Der Roman von Marguerite Duras mit der Protagonistin Anne Desbaresdes, die versucht, mit dem ehemaligen Angestellten in der Fabrik ihres Mannes, Chauvin, ein neues Leben zu beginnen, ist in seiner Mischung aus kriminalistischen Elementen und psychologischer Tiefgründigkeit, vor allem aber in seiner formalen Struktur ein Werk, das gute Schüler motiviert. Das 7. Kapitel schildert einen Empfang bei Anne Desbaresdes.
- Sprache
  Es ist ein anspruchsvoller literarischer Text, der Sensibilität und gute Sprachkenntnisse verlangt.
- Kompetenzbereiche
  Der Text eignet sich für die Ausbildung der funktionalen kommunikativen Kompetenzen, indem sowohl die schriftlichen als auch die mündlichen Fertigkeiten gefestigt werden können.
  Im Bereich der Methodenkompetenz erfolgt eine Vertiefung der Analysefähigkeiten auf dem Wege der Behandlung bestimmter stilistischer Phänomene.

Voraussetzungen auf Lernerseite

- Lexik
  Die Lexik ist variantenreich, und der Lerner muss bereits solide Wortschatzkenntnisse haben, die bei der Lektüre ständig zu erweitern sind.
- Grammatik
  Die Lektüre des Textes verlangt gute Grammatikkenntnisse.
- Lernstrategien/Analysetechniken
  Die Schüler lernen die Wirkung stilistischer Mittel eines literarischen Textes kennen.

Zielbeschreibung der Textarbeit

- Erweiterung des lexikalischen und grammatischen Wissens
- Erkennen stilistischer Merkmale und Fähigkeit, diese zu analysieren
- Bereitschaft und Kompetenz zum Erfassen und Analysieren stilistischer Phänomene und menschlicher Verhaltensweisen

Methodische Anregungen

- Einstieg
  In der Regel wird der Text chronologisch der Lektüre der anderen Kapitel fol-

gen. Das Bild einer Magnolienblüte kann als stiller Impuls den Auftakt geben für die Analyse und die Diskussion des Textausschnitts.

- Hinweise zum Ablauf
  Die Textarbeit sollte verschiedene Aspekte des Textauszugs zum Gegenstand haben:
  - Le motif de la mort
  - Les parfums de la scène
  - L'homme et la femme

  Die spezifischen Stilmittel sind in ihrer Bedeutung für die inhaltliche Dimension des Augenblicks und in ihrer Wirkung auf den Leser zu analysieren.
- Sozialform
  Zu Beginn der Stunde Lehrer-Schüler-Gespräch. Anschließend Wechsel zur Partner- oder Gruppenarbeit, gefolgt von der Auswertungsphase im Lehrer-Schüler-Gespräch.

Übungsvorschläge

- Ecrivez en détail ce que vous voyez en regardant par la fenêtre de votre chambre.
- Préparez un associogramme à partir du mot «parfum»

Aufgabenideen Typ 1

- Dans le texte, il y a plusieurs personnifications. Cherchez 10 substantifs et attribuez-leur des verbes. Formez des phrases.
- Analysez l'emploi de l'article indéfini dans la phrase l.9/10.

Aufgabenideen Typ 2

1. Suivez le regard du narrateur et tracez sur une grande affiche le chemin de ses observations.
2. Informez-vous sur l'origine et la valeur affective des magnolias dans différentes cultures. Présentez oralement le résultat de votre recherche.

SCHLUSS

Innovativer Französischunterricht leistet – unabhängig von dem Lehrgang und der Niveaustufe – einen Beitrag zur Ausbildung der vier im Gemeinsamen Europäischen Referenzrahmen ausgewiesenen Kompetenzen, nämlich der Wissenskompetenz, der Handlungskompetenz, der Lernkompetenz sowie der Persönlichkeitskompetenz.

Eine unentbehrliche Grundlage des Lehr- und Lernprozesses bilden Texte in der Form von Hörtexten, Bildern, Videofilmen und schriftliche Texte. Die schwachen Ergebnisse in der muttersprachlichen Lesekompetenz deutscher Schüler beruhen nach der PISA-Studie auf Defiziten im Textverstehen und – im weiteren Zusammenhang – auf einer negativen motivationalen Haltung dem Lesen gegenüber. Aus diesem Befund ergeben sich auch Konsequenzen für den fremdsprachlichen Lehr- und Lernprozess. Die Fertigkeit des Textverstehens kann nicht (länger) als selbstverständliche Folge eines muttersprachlichen Umgangs mit Texten vorausgesetzt werden, sondern der Fremdsprachenunterricht muss die Ausbildung dieser Fertigkeit zu seinem eigenen Anliegen machen. Zwar ist dies kein neues Arbeitsfeld, weder in der fremdsprachlichen Didaktik noch in der unterrichtlichen Praxis, aber die Bedeutung des Textverstehens im Rahmen der Ausbildung der vier genannten Kompetenzen muss deutlich akzentuiert werden.

Es ist Aufgabe der Unterrichtenden im institutionellen Fremdsprachenunterricht, die Lektüre von Texten zu fordern. Die Daten zum mangelnden Leseinteresse deutscher Schüler dürfen nicht dazu führen, davon abzulassen. Im Gegenteil. Aber diese Forderung an die Schüler geht einher mit der Verpflichtung der Unterrichtenden, die Arbeit am Text im Unterricht methodisch so vielfältig, offen und motivierend zu gestalten, dass die Lerner die Lektüre von Texten als einen Gewinn für sich verstehen und „textbegierig" werden.

Damit kann auch die Brücke zur Privatlektüre geschlagen werden, die über kurze resümierende Präsentationen in den Unterricht zurückgeführt werden kann, um wichtige motivationale Elemente wie die Anerkennung durch Dritte und die Erfahrung persönlicher Leistung zu stärken und damit einen Beitrag zu leisten zur Ausbildung der Persönlichkeitskompetenz.

Schließlich gilt es, auch den Leseverstehensprozess zum Thema des Unterrichts zu machen und Lesestrategien mit unterschiedlicher Zielsetzung und Reichweite mit den Lernern zu üben.

Mit diesem Auftrag wird der Französischunterricht zu einem Lernort und einer Instanz, die auf Situationen des Lebens vorbereitet, wie Alberto Manguel (1998, S. 21) es erlebte:

> Quand plus tard dans ma vie, je me suis trouvé en présence d'événements, de circonstances, de personnages similaires à ceux que j'avais rencontrés dans mes lectures, cela m'a souvent donné l'impression un peu étonnante mais décevante de déjà vu, parce que j'imaginais que ce qui se passait à ce moment m'était déjà advenu en paroles, avait déjà été nommé.

Anmerkungen

[1] Zum Begriff der Authentizität und ihren Grenzen im Fremdsprachenunterricht vgl. Henrici (1980), Edelhoff (1985) und Weskamp (1999).

[2] Zu den Einzelheiten vgl. Leupold (2007a).

[3] Zur ausführlichen Darstellung dieser Zieldimension, die an die Stelle des Ziels tritt, eine muttersprachliche Kompetenz auszubilden („native speaker"), vgl. Byram/Zarate (1998).

[4] Vgl. Küppers/Quetz 2006 und Dörnyei/Csizér/Németh 2006.

[5] Der Rahmenplan gilt für die Sprachen Französisch und Spanisch. Die Ausführungen für Spanisch werden hier nicht vollständig zitiert.

[6] Es handelt sich um eine Beilage der Tageszeitung „Libération" vom 30. August 2006 und richtet sich an Jugendliche zwischen 0 (!) und 12 Jahren.

[7] Aus: *Cent-un poèmes dans le métro.* Paris 1994, Le Temps des Cerises, p. 36.

[8] Der dem Thema gewidmete Sammelband der Frühjahrskonferenz zur Erforschung des Fremdsprachenunterrichts (Bausch u. a. 2003) sowie die Festschrift für Michael K. Legutke (Müller-Hartmann/Schocker-v. Ditfurth 2005) sowie Themenhefte der führenden Fremdsprachenzeitschriften unterstreichen das Interesse an dem Thema „Aufgaben".

[9] Die ausschließliche Betonung der kognitiven Komponente erstaunt, zumal gerade auch für interkulturelles Lernen oder den Umgang mit literarischen Texten die Ausbildung einer emotionalen Kompetenz eine wichtige Zieldimension darstellt.

[10] Zum Zusammenhang von Lernerautonomie, Aufgabenorientierung und Konstruktivismus vgl. Königs 2005b.

[11] Der Lehrbuchtext stammt aus dem Lehrbuch *Facettes 1.* Ismaning: Hueber Verlag 1998, S. 68.

[12] Beide Texte stammen aus der Zeitung *Le Parisien* vom 30. September 2006.

[13] Die Texte stammen aus der Zeitung *Le Parisien* vom 2. und 5. Oktober 2006.

[14] Aus: *L'Hebdo de la FNAC* (42/2006), S. 36.

[15] Das Photo ist entnommen aus dem Katalog des Musée d'Art Moderne. Donation Pierre et Denis Lévy. Troyes. 1988. Gentilly: Imprimerie Hofer, S. 13.

[16]

[17] Aus: *Les clés du monde.* Edition 2005, S. 31.

[18] *Mon quotidien.* No 8 (2006), S. 89.

[19] Aktuelle Informationen bietet die Internetadresse www.bdangouleme.com. Eine umfangreiche Übersicht und Informationen zu der Produktion in verschiedenen Ländern bietet http://www.excite.de/directory/World/Fran%C3%A7ais/Arts/Bande_dessin%C3%A9e

[20] Das Beispiel stammt aus der BD von Jenfèvre, Sulpice & Cazenove (2003), *Un P.V. dans la mare! Série: Les Gendarmes T.6.* (Abb. Aus: Katalog der Bamboo Edition 2004, S. 25).

[21] Der Text stammt aus „Métro Strasbourg" 1er septembre 2006, S. 16.

[22] Delerm, Philippe (1998), *Le Bonheur. Tableaux et Bavardages.* Monaco: Ed. du Rocher.

[23] Friot, Bernard (1999), *Histoires pressées.* Paris: Ed. Milan.

[24] Pennac, Daniel (1996), „Sahara", in: *Sol en si.* Paris: Gallimard, S. 11-13.

[25] Pérec, Georges (1985), *Penser/Classer.* Paris: Hachette, S. 129-131.
Guillevic, Eugène (1942), *Avec.* Paris: Gallimard.

[26] Duras, Marguerite (1958), *Moderato Cantabile.* Paris: Ed. De Minuit, S. 67 f.

Literaturhinweise

Antos, Gerd (1997), *Texte als Konstitutionsformen von Wissen*, in: Antos, Gerd / Heike Tietz (Hg.), *Die Zukunft der Textlinguistik. Traditionen, Transformationen, Trends*. Tübingen: Niemeyer, S. 43–63.

Bausch, Karl-Richard /Eva Burwitz-Melzer / Frank G. Königs / Hans-Jürgen Krumm (Hrsg.) (2006), *Aufgabenorientierung*. Arbeitspapiere der 26. Frühjahrskonferenz zur Erforschung des Fremdsprachenunterrichts. Tübingen: Narr.

Bausch, Karl-Richard (2003), *Zwei- und Mehrsprachigkeit: Überblick*, in: Bausch, Karl-Richard / Herbert Christ / Hans-Jürgen Krumm (Hg.), *Handbuch Fremdsprachenunterricht*. 4. Aufl. Tübingen u. Basel: Francke, S. 439–445.

Bildungsstandards für die erste Fremdsprache (Englisch / Französisch) für den Mittleren Schulabschluss.
Beschluss der Kultusministerkonferenz vom 04.12.2003.

www.kmk.org / schul / Bildungsstandards / bildungsstandards.htm

Bildungsstandards für die erste Fremdsprache (Englisch / Französisch) für den Hauptschulabschluss (Jahrgangsstufe 9). Beschluss der Kultusministerkonferenz vom 15. 10. 2004.

www.kmk.org / schul / Bildungsstandards / bildungsstandards.htm

Bredella, Lothar / Werner Delanoy (Hg.) (1999), *Interkultureller Fremdsprachenunterricht*. Tübingen: Narr. (Gießener Beiträge zur Fremdsprachendidaktik)

Bredella, Lothar (1999), *Zielsetzungen interkulturellen Fremdsprachenunterrichts*, in: Bredella, Lothar / Werner Delanoy (Hg.), *Interkultureller Fremdsprachenunterricht*. Tübingen: Narr, S. 85–120.

Bredella, Lothar (2001), *Interkulturelles Verstehen als Schlüsselqualifikation*, in: *Zeitschrift für Fremdsprachenforschung* 12, H. 1., S. 1–37.

Bredella, Lothar (2006), *Zum Verhältnis von Lesemotivation und Lesekompetenz nach PISA*, in: Küppers, Almut / Jürgen Quetz (2006), *Motivation revisited. Festschrift für Gert Solmecke*. Berlin: LIT Verlag, S. 137–151.

Byram, Michael / Geneviève Zarate (1998), *Définitions, objectifs et évaluation de la compétence culturelle*, in: *Le Français dans le Monde. Numéro spécial: Apprentissage et usage des langues dans le cadre européen*. Paris, S. 7–96.

Carstens, Ralph (2005): „Engaging Learners in meaning-focused language use". In: *PRAXIS-Fremdsprachenunterricht 4,* S. 1–12.

Caspari, Daniela (2005), *Ansätze interkulturellen Lernens in Französischlehrwerken für die Grundschule*, in: Schumann, A. (ed.), *Kulturwissenschaften und Fremdsprachen im Dialog. Perspektiven eines interkulturellen Französischunterrichts*. Frankfurt a. M.: Lang, S. 161–177.

Davet, Stéphane (2006), *La flamme du slam*, in: *Le Monde 1er / 2 octobre, S. 17.*

Deschamps, Fanny (2004), *Lire l'image au collège et au lycée en cours de français. Images fixes et images mobiles*. Paris: Hatier.

Dörnyei, Zoltàn / Kata Csizér (2002), *Some dynamics of language attitudes and motivation: Results of a longitudinal nationwide survey*, in: *Applied Linguistics* 23. S. 421–462.

Dörnyei, Zoitàn / Kata Csizér / Nóra Németh (2006), *Motivation, Language Attitudes and Globalisation. A Hungarian Perspective.* Cievedon / Buffalo / Toronto, Multilingual Matters.

Edelhoff, Christoph (1985), *Authentizität im Fremdsprachenunterricht*, in: Ders. (Hg.), *Authentische Texte im Deutschunterricht.* Einführung und Unterrichtsmodelle. Ismaning: Hueber, S. 7–30.

Ellis, Rod ([2]2004): *Tasked-based language learning and teaching.* Oxford: Oxford University Press.

Europarat / Goethe Institut (Hg.) (2001): Gemeinsamer europäischer Referenzrahmen für Sprachen: lernen, lehren, beurteilen. Berlin: Langenscheidt.

Fäcke, Christiane (2005), *Apprendre le français avec...? Aktuelle Lehrwerke für den Französischunterricht in Realschulen und Gesamtschulen*, in: Französisch heute 2, S. 134–147.

Florio-Hansen, Inez de (2000), *Authentizität und neue Medien: Zum Beitrag der Neuen Technologien für selbstbestimmtes Fremdsprachenlernen*, in: *Neusprachliche Mitteilungen* 53, H. 4., S. 204-212.

Gardner, Robert C. / Wallace E. Lambert (1972), *Attitudes and motivation in second language learning.* Rowley / MA: Newbury House.

Girmes, Renate (2005), *(Sich) Aufgaben stellen.* Seelze: Kallmeyer.

Gnutzmann, Claus (1997), *Language Awareness. Geschichte, Grundlagen, Anwendungen*, in: *Praxis des neusprachlichen Unterrichts.* 44, S. 227–236.

Gnutzmann, Claus (2003), *Language Awareness, Sprachbewusstheit, Sprachbewusstsein*, in: Bausch, Karl-Richard / Herbert Christ / Hans-Jürgen Krumm (Hg.), *Handbuch Fremdsprachenunterricht.* 4. Aufl. Tübingen u. Basel: Francke, S. 335–339.

Henrici, Gert (1980), *Authentischer Fremdsprachenunterricht - Einige Anmerkungen*, in: *Bielefelder Beiträge zur Sprachlehrforschung* 9. H. 2., S. 123–134.

Hermann-Brennecke, Giesela (2003), *Implikationen der Mehrsprachigkeit*, in: Abendroth-Timmer, Dagmar / Britta Viebrock / Michael Wendt, (Hg.), *Text, Kontext und Fremdsprachenunterricht. Festschrift für Gerhard Bach zum 60. Geburtstag.* Bern / Berlin: Lang, S. 308–315.

Klieme, Eckhard (2003), *Zur Entwicklung nationaler Bildungsstandards. Eine Expertise.* Bonn: Bundesministerium für Bildung und Forschung. (Zitiert als „Klieme Studie")

Konsortium Bildungsberichterstattung (2006), *Bildung in Deutschland. Ein indikatorengestützter Bericht mit einer Analyse zu Bildung und Migration.* Berlin: BMBF.

Küppers, Almut / Jürgen, Quetz (Hg.) (2006), *Motivations revisited.* Festschrift für Gert Salmecke. Berlin: LIT Verlag.

Küster, Lutz (2003), *Plurale Bildung im Fremdsprachenunterricht. Interkulturelle und ästhetisch-literarische Aspekte von Bildung Beispielen romanistischer Fachdidaktik.* Frankfurt a. M. u. a.: Lang.

Küster, Lutz (2004), *Plädoyer für einen bildenden Fremdsprachenunterricht*, in: *Neusprachliche Mitteilungen* 57, H. 4, S. 194–198.

Le Petit Robert. Dictionnaire de la langue française. (2003), Paris.

Leupold, Eynar (2003), *Französisch Unterrichten.* 2. Aufl. Seelze: Kallmeyer.

Leupold, Eynar (2006), *Progression, attention! – Anmerkungen zur Bedeutung eines traditionellen didaktischen Konzepts in einem veränderten Fremdsprachenunterricht*, in: Timm, Johannes-Peter (Hg.), *Fremdsprachenlernen und Fremdsprachenforschung: Kompetenzen, Standards, Lernformen, Evaluation.* Tübingen: Narr, S. 123–138.

Leupold, Eynar (2007a), *Kompetenzentwicklung im Französischunterricht. Standards umsetzen – Persönlichkeit bilden.* Seelze: Klett-Kallmeyer.

Leupold, Eynar (2007b), *Französischunterricht als Lernort für Sprache und Kultur. Aufgaben entwickeln – Motivation fördern.* Seelze: Klett-Kallmeyer.

Manguel, Alberto (1998), *Une histoire de la lecture.* Paris: Actes Sud.

Meißner, Franz-Josef / Marcus Reinfried (Hg.)(1998), *Mehrsprachigkeitsdidaktik: Konzepte, Analysen, Lehrerfahrungen mit romanischen Fremdsprachen.* Tübingen: Narr.

Müller-Hartmann, Andreas / Marita Schocker-v. Ditfurth (Hg.) (2005a): *Aufgabenorientierung im Fremdsprachenunterricht. Task-Based Language Learning and Teaching. Festschrift für Michael K. Legutke.* Tübingen: Narr.

Müller-Hartmann, Andreas / Marita Schocker-v. Ditfurth (Hg.) (2005b): *Ein Themenheft zum aufgabenorientierten Fremdsprachenlernen?*, in: *PRAXIS Fremdsprachenunterricht* 4, 3–12.

Nünning, Ansgar / Carola Surkamp (2006), *Kanonfrage und Textauswahl im fremdsprachlichen Literaturunterricht*, in: Jung, Udo O. H. (Hg.)(2006), *Praktische Handreichung für Fremdsprachenlehrer.* Frankfurt a. M: Lang, S. 457–470.

Pennac, Daniel (1992), *Comme un roman.* Paris: Gallimard.

Skehan, Peter (1998), *A cognitive approach to language learning.* Cambridge: Cambridge University Press.

Von Sallwürk, Ernst (1929), *Die didaktischen Normalformen.* Frankfurt a. M.: Diesterweg.

Weller, Franz Rudolf (2003), *Lesebücher, Lektüren, Textsammlungen*, in: Bausch, Karl-Richard / Herbert Christ / Hans-Jürgen Krumm (Hrsg.), *Handbuch Fremdsprachenunterricht.* 4. Aufl. Tübingen/Basel: Francke, S. 409–413.

Weskamp, Ralf (1999), *Ein Gefühl von Authentizität? Lehrer, Schüler und die Konstruktion des fremdsprachlichen Klassenzimmers*, in: *Fremdsprachenunterricht.* H. 3., S. 161–167.

Willis, Jane (1996), *A framework for task-based learning.* Harlow: Addison Wesley Longman.

Wolff, Dieter (2000), *Sprachenlernen als Konstruktion: Einige Anmerkungen zu einem immer noch neuen Ansatz in der Fremdsprachendidaktik*, in: *Fremdsprachen Lehren und Lernen* 29, S. 91–105.
Zimmermann, Günther (1969), *Integrierungsphase und Transfer im neusprachlichen Unterricht,* in: *Praxis des neusprachlichen Unterrichts* 16, Heft 3, S. 245–260.

456 Seiten, 16 x 24 cm
ISBN 978-3-7800-4927-8, € 29,50

- **Welche neueren Einsichten zum Französischlernen sind wichtig?**
- **Was bedeutet Interkulturelles Lernen für den Französischunterricht?**
- **Wie kann man Lerntechniken vermitteln?**

EYNAR LEUPOLD

Französisch unterrichten

Grundlagen, Methoden, Anregungen

Oft reichen traditionelle Modelle zur Beschreibung des Französischunterrichts nicht mehr aus, um die heutige Unterrichtsrealität zu erfassen, die sich sowohl durch Entwicklungen im Umfeld von Schule als auch durch neue Erkenntnisse zum Lehr- und Lernprozess ständig verändert. Diese Veränderungen in den Zielen, den Inhalten und den methodischen Verfahren werden hier ausführlich dargestellt. Auch die gesellschaftlichen Anforderungen, denen sich das Fach Französisch ausgesetzt sieht, werden diskutiert.

Mit über 60 Praxis-Beispielen, die sich an den didaktischen Grundsätzen der Lernerorientierung, der Handlungsorientierung und der Prozessorientierung anlehnen, um den Französischunterricht dynamisch, effizient und motivierend zu gestalten.

Kallmeyer
bei Friedrich in Velber

Für Ihre Bestellung wenden Sie sich bitte an unseren Leserservice.
Tel. 05 11 / 4 00 04 - 175 I Fax 05 11 / 4 00 04 - 176
www.friedrichonline.de
E-Mail: info@kallmeyer.de

Preise zzgl. Versandkosten. Stand 2007.